부러진 화살

부러진 화살
대한민국 사법부를 향해 석궁을 쏘다

1판1쇄 | 2009년 6월 17일
1판2쇄 | 2011년 10월 10일
개정1판1쇄 | 2012년 1월 25일
개정1판2쇄 | 2012년 2월 1일

지은이 | 서형

펴낸이 | 박상훈
주간 | 정민용
편집장 | 안중철
책임편집 | 박미경, 최미정
편집 | 윤상훈, 이진실
제작·영업 | 김재선, 박경춘

펴낸 곳 | 후마니타스(주)
등록 | 2002년 2월 19일 제300-2003-108호
주소 | 서울시 마포구 합정동 413-7번지 1층(121-883)
전화 | 편집_02.739.9929 제작·영업_02.722.9960 팩스_02.733.9910
홈페이지 | www.humanitasbook.co.kr

인쇄 | 천일 031.955.8083   제본 | 일진 031.908.1407

값 12,000원

ⓒ 서형, 2012
ISBN 978-89-6437-148-0 04300
    978-89-90106-16-2 (세트)

이 도서의 국립중앙도서관 출판시도서목록(CIP)은 e-CIP홈페이지(http://www.nl.go.kr/ecip)와 국가자료공동목록시스템(http://www.nl.go.kr/kolisnet)에서 이용하실 수 있습니다(CIP제어번호: CIP2012000256).

우리시대의 논리 ⑫

대한민국 사법부를 향해 석궁을 쏘다

부러진 화살

서형 지음

후마니타스

일러두기

1. 단행본, 정기간행물에는 겹낫표(『 』)를, 논문, 기사 등에는 큰따옴표(" ")를, 법령, 방송 프로그램 제목 등에는 가랑이표(〈 〉)를 사용했다.
2. 석궁 사건 형사 항소심 4차·5차 공판, 민사재판은 저자의 재판 기록에 토대를 두어 작성했다. 이 기록은 서형 인터뷰 사이트(http://2bsi.tistory.com)에서 볼 수 있다. 그 밖의 자료는 모두 공판 기록을 참조했고, 독자들이 읽기 쉽게 다듬었다.

차례

짧은 서문 _6

1장 ◆ **들어가며** 이상한 사건과의 첫 대면 _10

2장 ◆ **사건의 기원** 정직함의 가혹한 대가 _21

3장 ◆ 법관의, 법관에 의한, 법관을 위한 지배 _36

4장 ◆ 별난 재판의 풍경 _64

5장 ◆ 〈형사소송법〉을 지켜라 _108

6장 ◆ 석궁 사건을 보는 시선들 _165

짧은 결론 _210

부록 1 ◆ 석궁 사건을 만든 두 판결 _216
부록 2 ◆ 서울고등법원 제2민사부 판결 _224
부록 3 ◆ 대법원 제3부 판결(석궁 사건) _252
부록 4 ◆ 사건 일지 _262

짧은 서문

　결과적으로, 사건의 주인공인 김명호 교수로부터 환영받지 못한 채 이 책을 내게 되었다. 김 교수의 생각대로만 책을 쓸 수 없었기 때문이다.
　곁에서 지켜본 사람이라면 누구나 알고 있듯이, 김 교수는 판사나 검사, 변호사 등 법률 전문가들을 긴장시킬 만큼 상당한 법 지식을 갖고 있다. 그런 김 교수는 재판 과정의 "불법성" 내지 "법대로 하지 않는 판사"의 문제에 초점을 두어야 함을 강조했다. 게다가 내 법률 지식이 이런 문제를 다루기에는 '저급하다'는 점을 우려했다.
　또 다른 문제도 있었다. 그것은 사법부에 정면으로 도전하는 김 교수의 방법과 관련해, 좀 더 유연한 태도의 필요성을 강조하는 주변의 시각이 원고에 포함된 것을 김 교수가 싫어했기 때문이었다.

내 생각은 이랬다. 우선 평범한 보통 사람들도 읽을 수 있는 책을 쓰고 싶었다. 그래서 책의 내용이 우리가 일상적으로 사용하는 언어와는 거리가 먼 비현실적이고 권위적인 법률의 언어에 의해 압도되는 것을 원치 않았다. 이 책을 통해 보여 주고자 했던 것은, 판사가 몇 조 몇 항의 법조문을 위반했는지를 따져 보고 법에 따라 재판을 했는지를 밝히려는 것이 아니라, 법의 수호자라는 이유로 권위와 존경을 요구하는 이른바 '판검사 양반'들의 실제 모습과 그들이 주관하는 법정의 희극적이면서도 비극적인 풍경이었다.

김 교수는 법만 지키면 누구에게도 눈치를 볼 필요가 없고 법이 잘못되었다고 생각하면 입법부에 개정 청원을 하면 된다고 확신한다. 이 점에서 김 교수는 재판이 법에 따른 것인지를 당당하게 따지지 않고 판결의 억울함을 하소연하는 사법 피해자들을 전혀 인정하지 않았다. 하지만 나 같은 보통 사람들은 법의 원칙이 지배하는 그런 세상에 익숙하지가 않다.

우리 주변의 평범한 사람들은 인간적 원칙이 우선하는 세상을 좀 더 편안하게 생각하고, 법치는 그 하위 원칙 내지 수단적 가치일 뿐이라고 여긴다. 이 점에서 나는 법조문을 이용하면서도, 때로는 선처도 구하고 필요하면 그 밖의 다양한 방법으로 판사들을 압박함으로써 원하는 판결을 얻고자 하는, 보통 사람들이 법을 다루는 방법도 긍정할 만하다고 보았다. 그들 대부분은 김 교수처럼 판사들과 법률 내용을 다투는 방식으로 싸울 수도 없고, 변호사를 선임할 능력도 없는 사람들로, 자신들이 할 수 있는 모든 방법을 동원해 싸울 뿐이다.

또한 나는 이 책을 통해 김 교수를 있는 그대로의 한 인간으로 이야기하고 싶었다. 김 교수를 권력화된 사법부에 맞서 그 누구도 할 수 없는 불굴의 싸움을 벌인 '위인'으로 서술하는 것은 그리 어려운 일이 아니다. 하지만 누군가를 영웅으로 만들고 신화로 만드는 것은 보통 사람들로부터 김 교수를 멀어지게 한다고 생각했다.

설령 누군가가 배운 게 없고, 가진 게 없고, 도덕적으로도 흠이 많고, 타인의 선처나 바라는 비굴한 사람일지라도, 체제로부터 부당하게 핍박받는다면 그를 옹호하는 것이 좀 더 인간적이고, 그럴 때 용기를 내는 것이 진짜 용기라고 생각했다. 김 교수 역시 마찬가지다. 그는 주변 사람들을 편하게 만들지 않는 불편한 성격을 갖고 있고 자신과 의견이 다른 사람에 대해 '멍청이', '쓰레기', '개소리', '개판'이란 말을 서슴지 않는다. 나 역시 이 책을 쓰면서 김 교수로부터 심한 마음의 상처를 받았고 솔직히 인간적으로는 좋은 감정을 갖기 힘들었다.

그럼에도 불구하고 김명호 교수의 싸움을 통해 대한민국 사법부의 허상과 어리석음을 객관화해서 비판할 수 있다고 본다. 나아가서는 그의 독특한 성격 덕분에 사법 권력과 그렇게까지 싸울 수 있었다는 점도 인정한다. 결국 이 책은 어떤 대단한 사람의 존경스러운 행적을 기록한 것이 아니라, 원칙대로 고집스럽게 살면서 주변에 적당히 사는 사람들을 괴롭게 만드는 "성질 깐깐한 한 수학자"가 벌인 판사와의 한판 승부라고 할 수 있다. 쓰면서 괴롭긴 했지만 내 생각대로 끝까지 밀고 나가길 잘했다고 스스로를 위로하고 있다.

이견과 차이는 있겠지만, 대한민국 사법부에 변화와 개혁이 필요하다고 보는 넓은 합의의 범위 안에서 그런 차이와 이견이 공존할 수 있기를 바라며, 모두에게 감사한다.

2009년 6월

서형

이상한 사건과의 첫 대면

1장
들어가며

먼저 필자인 나부터 소개할 필요가 있을 것 같다. 나는 인터뷰하는 일을 한다. 관찰이나 실험이 자연과학의 연구 방법인 것처럼, 사회를 이해하는 방법 가운데 하나는 인터뷰라고 생각하며, 2006년 11월부터 이 일을 시작했다.

2007년 8월쯤이다. '시장', '빈민가', '역사' 등 테마별로 1천5백여 명의 인터뷰를 마치고 나서 새로운 주제로 인터뷰를 시작했다. 우리나라 3대 권력기관(청와대·국회·대법원) 앞의 일인 시위자들이 대상이었다.

그들은 왜 일인 시위를 하게 되었고 또 어떤 방식으로 자신들의 문제를 해결하고 싶어 할까? 권력과의 고독한 대면을 그들은 어떻게 생각하고 있을까?

청와대 앞에서 만난 이상수 씨(50대 중반, 남)는 경상남도 창원에서 왔다는데, 그의 사연은 이렇다.

그는 1997년 모 회사에서 설비 기사로 일하다가 뇌출혈로 쓰러졌다. 그런데 병원은 2년이 지나자 치료를 종결해 버렸다. 왜 치료를 계속해 주지 않느냐고 물었더니, 퇴직 후 2년만 치료를 받겠다는 합의 각서에 본인이 직접 도장을 찍었다는 것이다. 알고 보니 처음에 쓰러져 기억이 없던 기간에 회사가 퇴직 처리를 하면서 그런 합의 각서에 도장을 찍게 했던 것이다.

말할 수 없는 억울함에 국민고충처리위원회, 국가인권위원회 등 도움이 될 만한 곳으로 보이는 기관들은 다 찾아다녔다. 하지만 가는 곳마다 항상 '몇 조 몇 항'을 들먹이며 "우리는 제도적으로나 법적으로 할 일을 다했다."는 말만 들었다. 그래서 마지막이라는 절박한 심정으로 청와대에 호소하러 왔단다. 언젠가 대통령이 자신의 사연을 알게 되면 직접 나서서 해결해 주지 않을까 하는 기대를 하고 있었다.

국회 정문 앞에서 만난 조미영 씨(41세)의 사연도 비슷했다. 그녀는 한때 영업 실적이 좋아서 KT 본사로부터 최고상을 받을 정도로 잘나가던 대리점 사장이었다. 그러나 '약정 할인제' 문제가 불거지자 KT 본사는 자신들의 잘못을 대리점에 전가했고, 그러면서 조미영 씨뿐만 아니라 보증을 선 가족들의 재산까지 가압류되는 사태가 벌어졌다. 전 재산이 날아갈 위기에 처하자 그녀는 이렇게 당할 수만은 없다는 생각에서 일인 시위를 시작하게 되었다고 한다. 그녀가 청와대가 아닌 국회를 택한 이유는, 대통령에게 접근하기가 어려울 것 같다는 판단 때문이었다. 물론 국회의원은 대통령보다는 접근성이 높았다. 하지만 문제는 그들이 관심을 가져 주지 않는다는 것이었다. 무슨 일 때문이냐고 묻거나 용기를 준 사람은 국회의원이 아니라 지나가던 아줌마, 할머니였다.

그녀는 80일간 텐트를 쳐놓고 단식 시위도 해보았다. 국회의원도 KT도 모르쇠로 일관했다. 그래서 그녀는 언론에 마지막 희망을 걸었다. 법원에 소송을 제기하는 게 어떠냐고 물었으나, 그녀는 소송을 원하지 않았다. 그녀의 판단은 확고했다. 원심·항소심을 거치면서 변호사비에다가 인지대, 송달료 등 비용을 감당하기도 어렵거니와 결과는 "나도 말아먹고, 신랑도 말아먹고, 부모도 말아먹는다."는 것이었다. 그 기간 내내 증거자료를 준비하느라 신경 써야 하고, 그러다 몸만 시름시름 아프고……. 차라리 그 시간에 다른 일을 하는 게 낫다고도 했다. 그러기 전에 언론이 관심을 보이면 회사가 합의에 나서지 않을까 하는 것이 그녀의 바람이었다.

며칠 후인 2007년 8월 15일 아침, 한참 자고 있는데 전화가 울렸다. 수화기 너머로 "나 오늘 아침에 일 저질렀어. 지금 병원이야."라고 그녀가 말했다. 그녀는 언론의 시선을 끌기 위해 국회 앞에 있는 10층짜리 하나로 텔레콤 건물 옥상에 올라가 매달리는 '일'을 저질렀다. 왜 그랬냐고 물어보았다.

텐트를 치고 80일 단식 시위를 했는데도 관심을 가져 주지 않으니……. 그러니까 그 방식은 더는 안 되는 거니까. 그리고 저번에 서형 씨가 어떤 여자는 계양산 골프장 건설에 반대하면서 2백 일간 '나무 위'에서 시위를 했다고 말해 줬잖아. 그래서 〈손석희의 시선집중〉에도 인터뷰가 나왔다고. 그런데 지금까지 여자가 건물에 매달려서 시위한 적은 없잖아. 어떤 여자가 건물에 매달려 KT라고 쓰인 큼지막한 플래카드를 걸어 놓고 시위하고 있다면, 관심 끌 수 있잖아.

그녀는 방송국 차가 올 때까지 버티지 못한 자신을 자책했다.

매달렸는데, 그렇게 1분을 하고 있으니까 줄이 쪼여서 다리에 마비가 오는 거야. 쥐가 나고 저려 오는 거야. 뒤틀리면서 피가 안 통하는 거 있잖아. (울먹이며) 근데 난 진짜 억울한 사람이야. 잘못한 게 있어야 말이지……. 나보고 잘못했다고 하니까, 세상에 아이큐가 두 자리라 해도, 지금까지 모아 온 재산에다가 부모님 집까지 다 날아갈 판인데, 이런 상황에서 어떤 사람이 머리가 안 돌겠어? 난 죽으면 죽었지 건물에서 안 내려오려고 했어. 그런데 내가 내 손으로 119를 쳤어. 내려오면서 내가 내 손가락을 분질러 버리고 싶었어. 거기서 죽지 뭐하러 살려고……. 조금만 더 버티면 MBC까지 왔을 텐데.

청와대와 국회 다음 코스로 서울 서초구 법원 단지에 갔다. 점심시간이었는데, 대검찰청 정문 앞에 한 아주머니가 신문지를 깔고 앉아 있었다. 그러다가 점심 식사를 하기 위해 걸어 나오는 검사들에게 "개ㅇㅇ들!"이라고 소리치고 있었다.

검사들은 능숙하게 시선을 처리했다. 동료들과 이야기를 나누는 데 정신이 빠진 듯, 면전에서 욕설을 퍼붓는데도 한 아주머니를 마치 '투명 인간'처럼 대했다. 대검찰청 경비에게 물어보니 '정신이상자'이니 신경 쓸 거 없다고 말했다. 주변을 맴돌다가 청소부 아저씨를 만나, "여기는 일인 시위자가 별로 보이지 않는다."고 물으니, 아침에 대법원 앞에 가보라고 했다.

이튿날, 대법원 정문으로 갔다. 아침 출근 시간에 맞춰 서있는 일인 시위자들을 만났다. 이들과 대화하는 과정에서 석궁 사건의 김명호 교수 이야기가 나왔다. 그중 몇몇은 김명호 교수와 일인 시위를 같이 한 적도 있다고 했다. 그들에게 김명호 교수는 대법원 정문이 배출한 '스타'였다. 그는 모든 일인 시위자들의 염원인, 자신의 사건을 '이슈화'하는 데 성공했던 것이다. 공영방송인 〈KBS 9시 뉴스〉에 3일간(2007년 1월 15~17일) 나오면서 '현대차 파업'과 맞먹는 관심을 끌었다고 했다.

갑자기 국회 앞 건물에 두 번씩이나 매달리고도 언론에 한 줄도 나오지 못한 조미영 씨가 떠올랐다. '관심 끌려면 석궁 정도는 들었어야 했나.' 하는 생각이 머리를 스쳤다.

대법원 앞에서 인터뷰를 하던 도중, 며칠 후면 우리나라 역사상 최초로 서울고법의 부장판사가 증인으로 선다는 이야기에 귀가 솔깃해졌다. 그렇게 해서 8월 28일 오후 2시, 나는 동부지방법원 1호 법정에서 '석궁 사건' 7차 공판을 보게 됐다(참고로 형사사건에 대한 법원 심리는 '공판', 민사사건에 대한 법원 심리는 '변론'이라는 용어를 사용한다. 속기록에도 형사사건일 때는 '공판조서', 민사사건일 때는 '변론조서'라고 쓴다.

또 형사사건에서는 '검찰과 피고인'이 서로 다투며, 민사사건에서는 '원고와 피고'가 서로 다툰다. 본문에 자주 나오는 용어들이라서 미리 적어 둔다).

김명호 교수의 공판은 한마디로 납득하기 어려운 재판이었다. 먼저, 판사 앞에서 피고인의 태도가 얼마나 불량스러웠는지 모른다. 내가 직접 참관한 7차 공판 이전에 이미 김명호 교수는 두 번이나 감치를 받은 바 있다는 것을 나중에 알았다. 감치란 "법정의 존엄과 질서를 어지럽힌 사람"을 유치장이나 교도소에 가두는 것을 말하는데, 첫 번째는 4차 공판에서 "이런 개 같은 법정이 어디 있느냐."라고 해서, 두 번째는 6차 공판에서 '재판장님' 대신에 '김용호 씨'라고 불러서였다.

7차 공판이 시작되자마자 김 교수는 이렇게 말했다.

저는 법 안 지키는 판사들을 판사로 인정하지 않습니다. 그래도 김용호 '씨'라고 존칭을 했습니다. …… 뭐라고 불러드렸으면 좋겠습니까?

그러고는 오른발을 들어 왼쪽 무릎에 걸친 뒤 한가롭게 몸을 뒤로 돌렸다. 그런 피고인을 보면서 김용호 재판장은 "재판장이라고 불러 주시면 됩니다."라고 말하고는 이렇게 덧붙였다.

저는 사법부의 일원으로 사법부를 대표해서 재판을 하고 있습니다. 피고인 똑바로 앉으세요. 지금 저한테 재판을 받고 있는 것도 있지만 사법부에 재판을 받고 있는 거예요.

김 교수는 그 말이 나오기를 기다렸다는 듯 그제야 천천히 발을 내려놓았다. 하지만 그 태도에는 재판부를 조롱하는 기색이 역력했다. 나중에 구치소로 면회를 갔을 때 김 교수는 법원에서의 자신의 행동을 설명하며 "사법부에 정면으로 도전한 겁니다. 법을 안 지키는 사법부에 대해."라고 말했다.

피고인의 태도만 이상한 게 아니었다. 재판장의 태도도 흥미로웠다. 증인으로 나선 박홍우 부장판사에게 변호인이 신문하려고 하면, 재판장은 "생각을 묻지 마세요", "의견은 묻지 마세요."와 같은 식으로 말을 가로막았다.

증인으로 나온 박홍우 판사도 말이 왔다 갔다 했다. 자신의 행동이나 생각을 설명하는 것만으로 판단하자면, 부장판사까지 지낸 분이 맞을까 싶을 정도였다.

검사의 표정도 재미있었다. 피고인에 대해서는 경멸적인 태도가 역력한 반면, 증인으로 나선 박홍우 판사에게는 매우 깍듯한 자세를 취했다.

변호인은 재판장에게 선처를 요청하며 자세를 낮췄다. 변호인의 이런 태도야 어디서나 볼 수 있는 것이지만, 절대 굽힐 수 없다는 김 교수의 고압적 태도 때문에 매우 대조적으로 보였다.

방청객들은 또 어떤가. 재판 중임에도 문을 박차고 나가기도 했고, 소리를 지르는 사람도 있었다. 머릿속에 그렸던, 정상적인 재판정의 모습이라고는 생각할 수 없는 일들의 연속이었다.

이 이상한 2시간짜리 재판에서 나는 큰 충격을 받았다. 대체 이게 어찌된 일인가. 이때부터 나는 이 재판에 매달렸고, 지난 2년의 시간을 대부분 여기에 쏟았다.

지금부터 나는 이 '이상한 재판'과 관련된 이야기를 추적해 보려 한다. 독자 가운데는 언론을 통해 김명호 교수 사건을 접해 본 사람들도 있을 것이다. 그래서 김 교수가 정말 석궁을 쏜 것인지, 석궁을 발사했다면 큰 부상을 당했을 텐데 그 경미한 상처는 어찌된 것인지 등에 관심이 있을지도 모르겠다.

물론 이런 질문도 중요하고, 이 책의 본론에서도 이에 대해 자세히 살펴볼 것이다. 하지만 이 책의 초점은 석궁 발사를 둘러싼 문제에 맞춰져 있지 않다. 이 책을 통해 내가 주목해 보고 싶은 것은 '법'과 '법을 집행하는 사람들'에 대한 것이다. 법은 누구를 위해 있는 것일까. 판사들은 법의 공정한 집행자라고 할 수 있을까. 제대로 된 재판은 어떤 것이어야 할까. 나는 이 질문들이 훨씬 중요하다고 생각하며, 이 사건의 본질은 바로 여기에 있다고 본다.

누군가를 가리켜 "법 없이도 살 사람이야."라고 말하는 것을 가끔 듣는다. 하지만 오해해서는 안 된다. 일상생활에서 그 말은 그 사람의 심성이 착하다는 것 이상을 의미하지 않는다. 법은 있어도 좋고 없어도 괜찮은 그런 온유한 존재가 결코 아니다. 힘없고 가난한 사람들에게 법은 무섭고 두려운 실체다. 그들에게 법과의 대면은 자신만이 아니라 가족 모두의 '신세를 자칫 망치게 하는 일'이 되기 십상이다. 앞서 조미영 씨가 말했듯이 자신의 억울함을 법에 호소해 해결하려는 것은 어리석거나 무모한 일이 아닐 수 없다. 그게 한국의 법 현실이다.

그런 점에서 이 책의 주인공이라 할 수 있는 김명호 교수는 아주 특이한 사례다. 무모하게도 그는 "법대로 해달라."를 외치며 판사와 검사를 향해 달려들었기 때문이다. 수많은 공판을 거치는 동안에도 그는 일관된 요구를 했다. 바로 법을 지키라는 것이었다. 법을 집행하는 판검사와, 법의 보호를 요구하는 사람이 만난 셈인데, 형식논리로만 보면 가장 이상적인 상황이 연출되어야 했을 것이다. 피의자가 준법을 바라는데 판사로서는 이보다 좋은 일이 없기 때문이다.

실제로도 그랬을까. 아니다. 거의 최악의 상황이 나타났다.

상황이 특이한 만큼 실제로 전개된 양상 역시 그야말로 묘했다. 독자 여러분은 피의자가 판검사에게 법을 지키라고 호통을 치는 법정의 장면을 상상할 수 있는가. 법을 지키자는 피의자의 주장 앞에서, 판사든 검사든 법의 집행자들이 쩔쩔매는 행태를 보인다면, 대체 이 상황을 어떻게 이해해야 할까. 사법 정의가 법 집행자들에 의해 실천되지 못한다면 법원의 존재는 어떻게 정당화될 수 있을까. 대체 법원이란 무엇이고 재판이란 무엇인가.

이런 질문들을 안고, 이제 본격적으로 사건 속으로 들어가 보려 한다. 사건의 전개 과정에서 여러 군상들이 연출하는 장면들도 흥미진진하지만, 무엇보다도 그 장면들이 내포하는 의미에 주목해 주기를 독자들께 부탁한다.

이 책을 읽는 동안 독자 여러분 모두에게 '법의 가호'가 함께하길.

정직함의 가혹한 대가
2장 사건의 기원

2007년 1월 15일 오후 6시 반경, 전 성균관대학교 수학과 교수였던 김명호는 석궁을 가지고, 퇴근 시간에 맞춰 박홍우 부장판사의 아파트로 찾아간다. 엘리베이터 입구로 들어오는 박홍우 판사를 뒤에서 불렀다. 그리고는 몇 분 지나지 않아 김 교수는 현장에서 경비원과 운전사 등에 의해 제압당했고, 박홍우 부장판사는 출동한 119 차량에 실려 인근 병원으로 후송됐다.

이 사건은 흔히 김명호 교수가 성균관대학교를 상대로 제기한 교수 지위 확인 소송 항소심에서 패소 판결을 받자 담당 판사를 찾아가 석궁으로 보복한 사건으로 알려져 있다. 범죄를 저질렀다고 추정되는 사람을 경찰에서는 피의자, 형사 법정에서는 피고인, 그리고 형이 확정되면 가해자라고 부르는데, 김 교수는 자신이 석궁을 들고 찾아간 이유를 피의자 신문조서에서 이렇게 설명한다.

▎ 더 할 말이 있나요?

(자필) 본인 김명호는 피해자일 뿐입니다. 가해자는 박홍우입니다. 법을 고의로 무시하는 판사들처럼 무서운 범죄자는 없습니다. 그들의 판결문은 다용도용 흉기이며, 본인은 수십만, 수백만의 그 흉기에 당한 피해자들 중 하나일 뿐입니다. 본인은 최후 수단인 국민 저항권과 박홍우 살인 흉기 사용에 대한 정당방위권을 행사한 것일 뿐, 무죄입니다. 법 무시하고 판결하는 판사들을 용납해서는 안 된다는 사실을 국민들에게 알리고자 국민 저항권을 행사한 것입니다. 모든 합법적인 수단, 교육부, 청와대, 전국 교수들의 서명운동, 검찰에 고소, 국민고충위원회, 민주주의법학연구회, 1년 6개월의 시위, 2년여의 인터넷 홍보 등 그 모든 것을 일거에 무너뜨릴 수 있는 것이 바로 법 무시하는 판사입니다. 법 고의로 무시하는 판사들만큼 무서운 범죄자는 이 세상에 없는 것입니다.

_2007년 1월 22일 김명호 / 피의자 신문조서(3회)

법원의 입장은 어땠을까? 사건 발생 직후 대법원 행정처에서는 장윤기 행정처장 주재로 긴급 심야 간부 회의가 열렸다. 대법원 변현철 공보관은 당시 기자들과 여러 사람들 앞에서 "재판 결과에 불만을 품고 재판장 집에 찾아와, 잘못하면 생명의 위협을 초래할 수 있는 흉기를 사용하여 테러를 감행했다."라며 '테러'라는 표현을 사용했다.

〈SBS 8시 뉴스〉는 한 시간 빨리 '석궁 테러'로 이 사건을 소개하기 시작했고, 그날 저녁의 모든 방송에서는 의사와 간호사들이 응급실 침대에 누워 있는 박홍우 판사를 황급히 옮기는 모습을 내보냈다. 그의 옷은 위로 돌돌 말려 있었고 상처 부위는 담요로 가려져 있었다. 그리고 "박 부장판사가 입원한 서울대병원으로 방문할 계획"이라는 이용훈 대법원장의 모습이 텔레비전에 비쳤다. 15일 저녁에는 박송하 서울고등법원장과 법원 간부들이 서울대병원에서 걱정스러운 표정으로 병실 앞을 지켰고, 이튿날(16일)에는 양승태 대법관도 병문안을 갔다.

사건 발생 나흘 뒤인 19일, 대법원은 긴급 전국 법원장 회의를 개최했다. 당일 법원장 회의에서 이용훈 대법원장은 이를 '석궁 테러'라고 규정하는 동시에 '법치주의에 대한 중대한 도전'이라고 천명했다. 그리고 그가 섬기는 국민을 향해 "국민 여러분의 깊은 이해와 성원을 부탁드린다."라고 당부했다.

장윤기 법원행정처장 또한 사건 직후 "피습 사건으로 인하여 우리 사법부 구성원들과 모든 국민은 심한 충격과 경악을 금할 수 없었습니다."라며 '모든 국민'의 이름으로 김 교수의 행위를 규탄했다. 그리고 그날 오후, 회의에 참석했던 전국 각지에서 모인 법원장들은 박홍우 판사가 입원해 있는 서울대병원으로 병문안을 갔다.

의사들의 소견은 어땠을까? 담당의(박규주)는 "더러운 물질이 들어왔다 나갔기 때문에 감염될 가능성을 가장 우려하고 있습니다."라고 짧게 말했다.

그런데 상황이 묘하게 돌아가기 시작한다. 여론은 법원의 반응과는 거리가 있었다. 기사에 달린 댓글들을 보면, "법치주의? 똥 싸고 자빠졌다!" "나도 석궁을 쏘고 싶었습니다."라는 반응도 상당했다.

사건 발생 나흘 뒤인 1월 19일, 전국 법원장 회의는 "국민 여러분께 드리는 글"을 발표했다. 법치주의가 흔들릴 경우, "국가 질서도 혼란에 빠지게 되고, 이로 인한 피해는 결국 국민의 불행으로 귀결될 수밖에 없습니다."라는 무시무시한 표현도 있었고, "국민 여러분께 간곡히 호소합니다. 법치주의 확립은 단지 사법부 구성원들의 노력만으로 이룰 수 없습니다."라는 읍소의 내용도 있었다.

그럼에도 여론이 기대대로 반응하지 않자 판사들은 '억울함'을 토로했다. 재판의 주심을 맡았던 이정렬 판사는 『중앙일보』 인터뷰에서 "이 사건 판결문을 한 번이라도 읽어 본 사람이라면 김 씨의 테러 행위를 절대 정당화하지 못할 것"이라며 재판에는 어떤 편파성도 없었음을 강조했다. 정진경 판사는 내부 게시판(코트넷)을 통해 "지금 이런 현상은 다 언론의 선정성 때문이다."라고 주장했다. 이정렬 주심판사 역시 "법원은 쟁점과 관련한 양자의 입증을 비교해 승패를 결정한다."라며 "이번 판결의 기본적 구도는, 학자적 양심이 있으나 교육자적 자질을 갖추지 못한 사람의 재임용 탈락의 적법성 여부라고 생각하고 있다."라고 말했다.

그렇다면 김명호는 대체 어떤 사람인가?

김명호 교수는 1975년, 서울고 27회 졸업과 동시에 서울대학교에 입학했다. 수학을 전공하고 난 뒤, 미국 미시간 대학교에서 1988년에 박사 학위를 받았다. 가족의 말에 따르면 김 교수는 실패한 적이 없었다고 했다. 승승장구하는 삶을 살아왔다는 것인데, 그렇다고 누가 뒤를 대준 것도 아니란다. 유학을 갈 때에도 비행기 표 값 외에는 집에 손을 내민 적이 없었다고 한다.

그렇게 막힘없이 살아온 사람이 어느 날 갑자기 비참한 처지로 떨어져야 했다. 문제의 발단은 1991년 3월 1일, 김명호 교수가 성균관대학교 수학과 조교수로 임용되면서부터다. 김 교수는 교수 사회에 잘 적응하지 못했다. '교수회의'란 게 당시만 해도 고참 교수들의 영향력이 과도하게 컸는데, 김 교수는 그걸 그냥 넘어가지 못했다. 김 교수 때문에 교수회의는 '적당히' 진행될 수 없었고, 다른 교수들과도 사이가 좋을 수 없었다. 당시 한 수학과 교수는 김 교수 때문에 얼마나 힘들었는지를 강변했다.

김 교수는 다른 사람에게 숨을 쉴 여유를 줘야 하는데, 조금만 잘못해도 끝까지 물고 늘어지는 거야. 단 하루도 마음 편할 날이 없었어요.

이처럼 동료 교수들은 김 교수의 비타협적인 태도 때문에 불편해 했고, 김 교수 또한 힘든 나날이었다고 한다. 보다 못해 친구인 이경호 교수(아주대)가 "제발 못 본 척해라."라고 조언해야 했다. 또한 대외 활동이 많은 교수들이 대개 오전에만 강의를 하는 점을 감안해, 주로 오후에 강의를 하는 게 어떻겠냐고 조언했다고 했다. 그래서 김 교수의 강의는 대체로 오후인 7~9교시에 몰려 있었다. 다른 교수들과 부딪힐 일을 없애려 한 것이다. 그런 식으로 김 교수도 어느 정도 상황에 적응하며 연구에 몰두할 수 있었다. 1995년 1월 대학별 입학 고사 수학 문제 채점 위원으로 들어가지 않았다면 지금까지도 그렇게 살았을지 모른다.

채점 첫날, 이경호 교수는 김 교수로부터 전화를 받았다. 씩씩거리는 소리가 전화선을 타고 들려왔다. "내가 웬만해서는 참고 살라는데, 이건 꼭 이야기해야겠다. 15점짜리 문제고, 이것 때문에 합격자의 당락이 완전히 바뀌는데, 이걸 참아야 하느냐?"라며 본고사 7번 벡터 문제를 풀다가 출제 오류를 발견한 사실을 털어놨다고 한다.

김 교수는 당시 이 사실을 다른 수학과 교수들에게 알리고, 모두를 0점으로 처리하든지 아니면 모두에게 15점을 주는 방식으로 시정해야 한다고 주장했다. 그러나 다른 교수들의 생각은 달랐다. 학교 당국의 생각도 고려해야 하고, 학과에 대한 사회적 평가도 생각하지 않을 수 없었다. "문제가 틀린 게 아니다", "학과 동료가 실수했으면, 그것을 감싸고 덮어 주어야 하는 것이 아니냐."라고 맞섰다. 그러면서 문제를 조용히 덮고 넘어가기 위해 부분 점수 채점 방식을 택했고 모범 답안지도 만들었다. 그러고는 김 교수를 채점 위원에서 빼버렸다.

문제 출제의 오류를 그냥 넘기려는 동료 교수들에게 항의하면서 김 교수는 총장에게 이를 보고했다. 그러나 채점은 부분 점수 부여로 끝났고 합격자 발표가 나갔다. 뒤이어 수학과 동료 교수들의 보복이 시작되었다. 총장에게 보고한 뒤 일주일도 채 지나지 않은 1월

| 본고사 7번 벡터 문제와 그 풀이 |

문제가 되었던 1995학년도 대학별고사 7번 문제는 다음과 같다.

7) 영벡터가 아닌 세 공간 벡터 $\vec{a}, \vec{b}, \vec{c}$가 모든 실수 x, y, z에 대하여
$|x\vec{a}+y\vec{b}+z\vec{c}| \geq |x\vec{a}| + |y\vec{b}|$ 을 만족할 때 $\vec{a} \perp \vec{b}, \vec{b} \perp \vec{c}, \vec{a} \perp \vec{c}$ 임을 증명하라. (15점)

조금만 애쓰면 쉽게 이해할 수 있는 문제이니 잠시 살펴보고 지나가자. 가속도나 속도처럼 크기와 방향을 가진 양을 벡터량이라고 한다. 물체가 (0,0) 자리에 있다가 → (3,0) 자리로 이동하고 나서 → 다시 (5,3)으로 이동했다고 하자.

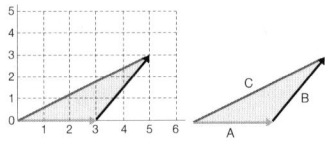

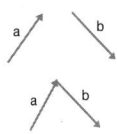

물체의 위치 변화는 처음 시작점(머리) (0,0)에서 마지막 종착역(꼬리) (5,3)으로 가는 화살로 표현할 수 있다. 만약 두 개의 변위 a와 b가 있을 때 이 둘을 어떻게 더할 것인가? 그것은 a쪽의 꼬리(finish)를 b쪽의 머리(start)에 가져다 붙이는 것이다. 이처럼 벡터의 덧셈은 시작점과 끝점을 이은 최단 거리를 말한다.

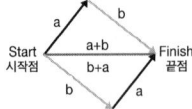

그리고 $\vec{a}$ 의 크기를 말할 때는 절댓값을 이용해 $|\vec{a}|$ 로 표현한다.
그럼 이 정도의 지식을 가지고, 상기 문제에서 김 교수가 발견한 오류가 무엇인지 살펴보자.

위에서 보았듯이 7번 문제는 영벡터가 아닌 세 공간 벡터 $\vec{a}, \vec{b}, \vec{c}$가 모든 실수 x, y, z에 대하여
$|x\vec{a}+y\vec{b}+z\vec{c}| \geq |x\vec{a}| + |y\vec{b}|$ 을 만족할 때 $\vec{a} \perp \vec{b}, \vec{b} \perp \vec{c}, \vec{a} \perp \vec{c}$ 임을 증명하라는 것이다.

$|x\vec{a}+y\vec{b}+z\vec{c}| \geq |x\vec{a}| + |y\vec{b}|$ 에서 $x=1, y=1, z=0$을 대입하면
$|\vec{a}+\vec{b}| \geq |\vec{a}| + |\vec{b}|$, $\vec{a}, \vec{b}$가 영벡터가 아니기 때문에, $\vec{a}$와 $\vec{b}$가 평행이 아니라면,
$|\vec{a}+\vec{b}|$ = OC의 길이, $|\vec{a}|$ = OA의 길이, $|\vec{b}|$ = OB의
길이, 삼각형 $\triangle OAC$에서 "OC의 길이가 OA의 길이와 OB의 길이의 합보다 크거나 같다."는 모순이다. 따라서 $\vec{a}$와 $\vec{b}$는 평행일 수밖에 없다. 그런데 문제에서는 수직임을 증명하라 했으니 $\vec{a}$와 $\vec{b}$가 평행이면서 수직일 수는 없다. 따라서 명백한 출제 오류다.

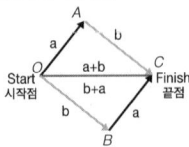

27일, 김 교수에 대한 부교수 승진 탈락 심사표가 입시 문제 출제 위원 교수들에 의해 작성되었다.

이 사건 직전까지만 해도 5년을 재직한 김 교수가 1995년 부교수로 승진 임용되는 것을 의심하는 사람은 없었다. 부교수 심사는 연구 실적만 가지고 평가하는 것이었다. 5년 동안 재직하면서 그가 낸 세 편의 논문이 전부 "과학기술논문인용색인"Science Citation Index, SCI에 가입돼 있는 미국 『수리물리』Journal of Mathematical Physics와 『현대물리학』Modern Physics Letters에 실렸다. 하지만 대학 당국은 이 논문들에 부적격 판정을 내렸고, 그해 김명호 교수는 부교수 승진 대상에서 제외되었다.

게다가 관심의 초점은 이제 김 교수가 과연 조교수 자리라도 온전히 유지할 수 있을지에 모아졌다. 왜냐하면 수학과 교수들이 김 교수에 대한 '징계'를 학교 당국에 요구했기 때문이다. 동료 교수들은 김 교수가 학생들에게 학점을 부여하는 방식이 학사 질서를 문란케 하고 성균관대 입시 문제를 외부에 알려 해교 행위를 했다는 것과 함께 타 교수 비방, 교육자로서의 자질 의혹 등을 그 이유로 들었다. 결국 1995년 하반기에 김 교수는 정직 3개월 처분을 받았다. 그리고 이듬해인 1996년 3월 1일 이를 근거로 3년마다 재임용되는 조교수 재임용에서도 탈락되었다.

수학과 교수들은 왜 그렇게 했을까. 한 교수는 김 교수 문제에 대해 자신들이 일방적인 가해자로 몰리고 있는 것에 대해 매우 억울해했다.

김 교수만 사고를 당한 게 아니라, 성대 교수들도 같이 사고를 당했어요. 아직도 그 큰 사고 속에서 살고 있어요. 내 인생도 간접적으로 파탄이 났어요.

입시 문제가 명백히 오류였다는 점은 인정했지만, 출제 잘못을 다루는 김 교수의 태도에 대해서는 생각이 많이 달랐다.

사건을 해결함에 있어 김 교수가 오히려 혁명가처럼 강하게 부딪히게 만들었단 말이죠. 그게 사실 어려운 수학 문제가 아니라 그냥 단순한 산수 문제잖아요. 국내에서 협조를 얻어서 해결을 봤어야죠. 여기서 선처를 구하고 협조를 얻어서 타협점을 찾으려고 하지 않았고 김 교수는 영어로 써서 미국으로 보내 버린 거야. 전쟁 모드로 돌입한 거예요. …… 무차별적으로 공격해 들어오고, 서명운동이 들어오는 마당에 저도 김 교수 입장에서 편을 들어줄 수가 없는 분위기였어요. 물론 그것을 가지고 같은 동료를 감싸주지 못하고 박하게 대했느냐에 대해서는 할 말이 없어요.

이런 일련의 과정에서 김 교수도 가만히 있지 않았다. 1995년 10월에 부교수 승진 탈락이 확정되자, 성균관대학교 수학 입시 문제의 오류를 지적했다가 '보복'을 당했다며 다시 부교수로 승진 임용하라는 취지의 소송(부교수 지위 확인 소송)을 제기했던 것이다. 그는 법원이 공정하고 정의로운 판단을 내릴 것이라고 여겼다. 그래서 법원으로부터 자신의 출제 오류 지적이 옳았다는 걸 입증하기 위해 대한수학회와 같은 권위 있는 기관으로부터 검증을 받고자 했다. 하지만 사태는 김 교수가 기대했던 것과는 매우 다르게 진행되었다. 수학자들 및 관련 과학자 단체들도 나서려 하지 않았다. 부교수 지위 확인 소송 1심 재판부(장준철 판사)가 김 교수의 지적이 맞는지 답해 달라고 대한수학회에 사실 조회를 보냈지만, 대한수학회는 그에 대한 답변을 거부했다. 1997년 서울고등법원 항소심에서도 양승태 부장판사가 한국고등과학원에 사실 조회를 보냈지만, 어떤 소식도 없었다.

김 교수가 제기했던 부교수 지위 확인 소송 역시 대법원까지 갔지만 1997년 12월 23일 기각되었다. 법원은 김 교수가 제기한 연구 실적 심사 부당성에 대한 심리는 물론 입시 출제 오류 지적 관련 보복성에 대한 심리를 전혀 하지 않고 단지 "승진 임용은 학교 자유재량 행위"라는 이유 하나만으로 기각했다. 이를 전문용어로 '본안 전 심리에서 각하'된다고 표현한다.

1997년 대법원에서마저 기각되자, 김 교수는 법원과 동료 수학자들에게 크게 실망하고 새롭게 인생을 시작하고자 해외로 나갔다. 그러나 할 수 있는 일은 제대로 대우받지 못하는 연구직을 전전하는 것뿐이었다. 당시 김 교수 사건은 과학 저널인 『사이언스』Science, 1997년 9월 12일에 "정직한 답변에 대한 비싼 대가"The high cost of a right answer라는 제목으로, 같은 해 『수학저널』Mathematical Intelligence, 1997년 여름호에는 "정직함의 대가"The Rewards of Honesty라는 제목으로 실린 글에서 자세하게 소개된 바 있었다.

그런데 이런 기사들은 김 교수가 외국 생활을 하는 데 전혀 도움이 되지 않았다. 오히려 그 반대였다. 그는 학교 및 동료들로부터 버림받아 한국을 떠난, 누구도 그를 돕지 않는 약자로 인식되었기 때문이다. 가족들에 따르면, 김 교수의 상급자들은 비자 갱신 문제와 같은 약점을 이용해 적은 대가로 일을 시켰고, 김 교수의 연구 성과는 자신들이 가져갔다고 한다. 특히 유전공학 관련 데이터 분석 연구원으로 있으면서 획기적인 알고리즘을 발견했지만, 결국 지도 교수에게 업적을 빼앗기자 김 교수는 큰 충격을 받았다고 했다.

그래서 그는 예전의 일을 바로잡지 않으면 남은 인생 내내 이런 일이 반복될 것이라고 판단했고, 2005년 3월 귀국길에 오르게 된다. 1995년 1월 성균관대학교 입학 고사 수학 문제의 잘못을 지적한 시점으로부터 꼭 10년 2개월이 지났을 때였다. 한국 사회로 다시 돌아온 김 교수는 그 긴 기간의 고통을 보상받을 수 있었을까? 우리가 잘 알고 있듯이, 그렇지 못했다.

지금까지의 이야기를 바탕으로 이런 생각을 해보자. 수학자로서 출제된 문제의 오류를 못 본 체할 수 없는 책임 의식과, 교수 사회 내지 대학 사회의 일원으로서 조직 문화에 원만하게 적응하라는 요구 사이에서 어떤 선택을 하는 것이 옳았던 것일까. 독자 여러분이나 내가 김명호 교수였다면 어떻게 해야 했을까.

진실이나 정직함이 무조건 옳은 것이 아닐 때도 있을 것이다. 우리는 선의에서 거짓을 감당해야 할 상황이 있다는 것도, 때로는 침묵으로 정직함 이상의 가치를 추구해야 할 때가 있다는 것도 잘 안다. 조직 안에서 좋은 인간관계를 발전시키는 것은 중요하고, 함께 일하는 사람들과 좋은 관계를 유지하는 것이야말로 인간이 사회 속에서 행복해질 수 있는 최우선의 조건이라고 할 수 있다. 그러나 이 경우는 다르다.

만약 문제가 잘못 출제되었음에도 학교나 학과의 위신을 생각해 조용히 넘어간다면, 대학이라는 교육기관의 존재 이유는 그 근본에서부터 회의될 수밖에 없다. 이를 위해 동료애나 애교심을 들이민다면, 그건 공모라고는 할 수 있을지언정 인간적 관계의 진실됨이나 학교에 대한 사랑에는 아무런 기여도 하지 못할 것이다. 김 교수의 비타협적 원칙주의가 아무리 불편했어도 그 이유로 징계를 내리고 학교에서 쫓아낼 수밖에 없었다고 합리화한다면, 그것은 무서운 일이다. 한마디로 고분고분한 사람만 필요하다는 지배의 논리에 불과하기 때문이다.

혹자는 이렇게 생각할지도 모른다. 설령 그것이 정직한 일이고 옳은 일이라 하더라도 개인에게 감당할 수 없는 희생을 강요할 때에는 어찌해야 하는가. 김 교수처럼 그 후 10년을 아무런 대가도 없이 인간적 모멸로 점철된 삶을 살아야 한다면, 우리는 과연 그런 것을 감수하고서라도 정직해야 한다고 요구할 수 있을까. "그래도 정직이 최선의 방책이다."라고 외치는 것은 가혹한 일일 수 있고 때로 위선이 될 수도 있다. 개인이 정직할 수 있는 사회, 정직해도 최소한 안전할 수 있는 사회를 만드는 문제를 생각하지 않고, 개인에게 일방적으로 정직하라고 요구하는 것은 무책임한 일이다.

법이 필요한 것은 바로 이 때문이다. 외부로부터 부과되는 공적 규범 혹은 강제력을 갖는 규범으로서 법이 없다면, 우리가 속해 있는 집단이나 조직 안에서 개인은 무력하다. 어느 조직이든 영향력을 독점하고자 하는 세력이 있고, 구성원 개개인의 이견과 정직함이 희생당할 위험은 상존한다. 그럴 경우 결국 그 조직에서 번성하는 것은 권위주의와 그 영향력에 대한 복종 이상이 될 수 없다. 집단이나 조직이 스스로 그런 문제를 개선하기 위해 노력해야겠지만, 그것이 어렵기 때문에 법의 개입이 필요하고, 이를 통해 부당한 처우를 당한 개인을 보호해야 하는 것이다. 안 그러면 법이 왜 필요하겠는가.

앞서 살펴보았듯이 김 교수는 법에 호소했지만 법원은 학교의 재량이라는 판결을 내렸다. 법은 사학 집단의 조직 논리를 정당화하는 결정을 내렸던 것이다. 따라서 10년 만에 돌아와 학교와 법원의 잘못된 결정을 바꾸겠다고 나선 김명호 교수가 법과 다시 대면했을 때, 그의 태도는 달라질 수밖에 없었다. 그것은 과거와 같이 법에 호소하는 것이 아니라, 잘못된 법과 법 집행에 대항하는 것이었다.

이제부터 우리는 대한민국 사법부에 홀로 도전한 한 개인이 겪은 운명을 보게 될 것이다. 그리고 이를 통해 우리는 법을 다룬다는 이유로 최고의 존경을 강요하는 국가의 권력 조직 내에서 나타나는 기묘한 풍경을 보게 될 것이다.

법관의, 법관에 의한, 법관을 위한 지배

3장

그가 한국으로 돌아오게 된 데에는, 당시 국내 분위기도 한몫했다. 모든 변화가 김 교수에게 '희망적'으로 보였다. 잠시 국내 변화를 살펴보자. 노무현 정부가 들어선 직후인 2003년 2월 27일 헌법재판소는 재임용에서 탈락해 1984년 직권면직된 아주대학교 경제학과 윤병만 교수에 대해 획기적인 판결(2000헌바26)을 내렸다.

윤병만 교수(1933년생)는 1984년 아주대학교에서 '국적' 문제로 해직됐다. 이후 그는 인생의 말년을 학교와의 소송으로 보냈다. 그러다 재임용 관련 구舊〈사립학교법〉 제53조의2 3항의 내용이 헌법

제31조 6항 교원지위법정주의에 위반되지 않는지를 헌법재판소에 물었다. 한마디로 말해 오래전 자신을 해직시킬 때 법률적 근거였던 구〈사립학교법〉이 "교원의 지위에 관한 기본적인 사항은 법률로 정한다."라는 헌법적 취지에 맞지 않는 것이 아닌지를 따진 것이다. 이에 헌법재판소는 대학 교원의 신분을 부당하게 박탈할 수 없도록 보호해 주는 '재임용 절차'와 같은 규정이 없다면 재임용 제도는 잘못된 것이라고 지적하며 헌법 불합치 결정을 내렸다. 그리고 빠른 시간 내에 잘못된 부분을 개선할 법을 만들라고 국회에 주문했다. 그 결과 2005년 1월 〈사립학교법〉이 일부 개정되었고, 비로소 재임용 절차를 규정하는 내용이 들어가게 된다.

이런 변화와 더불어 김명호 교수를 고무시킨 또 하나의 요인은 바로 서울대 미대 김민수 교수 사건이다. 1996년 김민수 교수는 서울대 개교 50주년 심포지엄에서 선배 미대 교수들의 친일 행적을 다룬 논문을 발표함으로써, 서울대를 발칵 뒤집어 놓은 '사건'의 주인공이었다. 김명호 교수 때와 마찬가지로, 정직한 논문에 대한 비싼 대가는 해고였다. 김민수 교수는 1998년 8월 교수 재임용 심사에서 탈락했다. 그 후 그는 교수 재임용 거부 처분 취소 청구 소송을 시작했다. 오랜 복직 소송 끝에, 2004년 4월 대법원 전원합의체는 재임용 거부 취소 청구를 인정해, 원고 청구 각하 결정을 내렸던 원심을 파기하고 서울고등법원으로 사건을 되돌려 보낸다. 2005년 1월 28일에는 서울고등법원(김능환 부장판사)에서 연구 논문으로서 문제없다는 판결도 받았다. 판결의 핵심은, 합리적 기준과 공정한 심사에 따라 재임용 여부가 결정되지 않았기에 학교 측이 재량권을 남용했다는 것이다.

김 교수는 이런 일련의 변화들을 보고 용기를 얻게 된다. 마흔 살의 나이에 재임용에 탈락되고 그 후 10여 년이 지난 시점인 2005년 3월에 귀국해서 김 교수는 학교법인 성균관대학교를 상대로 서울중앙지법에 교수 지위 확인 소송을 시작하게 된다.

김 교수는 10년 전과는 달리 이번에는 승소할 것이라는 확신에 차있었다. 김 교수의 생각은 이랬다. 학교 측이 자신을 해직시킬 때 절차를 무시했고, 교수의 인성 문제를 들어서 점수를 낮게 책정한 것은 어디까지나 재량권 남용이라는 것이다. 재판부도 이것을 충분히 문제 삼아 줄 것이라고 생각했다. 그리고 법정에 들어섰다.

그런데 담당 재판장이 피고 측인 성균관대학교의 대리인으로 나온 이재원 변호사가 속한 일신 법무법인에 몸담은 전력이 있고, 게다가 성균관대 선후배 사이라는 사실을 알게 됐다면 어떻게 해야 하나? 일단 재판이 공정하게 진행되었다고 인정한다면, 이런 배경들을 문제 삼지 않을 수도 있다.

형사 공판이든 민사재판이든, 기본적으로 법정은 검찰과 피고인, 원고와 피고 사이에 법적 공방을 하는 곳이다. 민사재판에서는 원고가 어떤 증거를 가지고 공격을 하면 피고는 답변서 제출로 그에 따른 방어를 한다. 그런데 담당 재판부가 법전에 있는 그대로 행하지 않는다면 어떻게 해야 하는가.

〈민사소송법〉 제256조(답변서제출의무)에는 "30일 이내에 답변서를 제출하여야 한다."라고 되어 있다. 하지만 담당 재판부는 피고 성균관대 측이 답변서 제출 기한을 어기는 부분을 크게 문제 삼지 않았다. 그리고 〈민사소송법〉 제149조(방어방법의 각하)에 따라 답변서 규칙을 어긴 성균관대 측 답변서를 각하해 달라는 김 교수의 요청에도 재판부는 지나친 소송 지연이라고 볼 수 없다며 거절했다. 김 교수는 왜 법을 안 지키느냐고 따지기 시작했다. 물론 돌아오는 대답은 '훈시 규정'이었다. 김 교수는 대체 이 법들을 훈시 조항으로 보라는 게 어느 법전에 나와 있느냐고 다시 따진다. 이런 항의에도 불구하고 재판부의 태도가 전혀 달라지지 않는다면 어떻게 할 것인가? 법정 밖에서라도 항의할 수밖에 없을 것이다. 김 교수의 일인 시위는 이렇게 해서 시작되었다.

재판부에 제출한 증거가 너무나 완벽하다 여겼던 김 교수의 생각과는 달리, 1심을 맡은 이혁우 판사는 2005년 9월 21일 증거 불충분으로 패소 판결을 내렸다. 김 교수는 바로 항소했다. 하지만 1심 재판부 잘못에 대한 지적은 항소로 끝나지 않았다. 1심 패소 일주일 후(9월 28일)에도 서울중앙지법 동문(교대역 쪽)에서 "성대 출신 이혁우 판사는 눈뜬장님인가? 성대 입시 부정 눈감은 건가?"라는 피켓을 들었던 것이다.

김 교수가 항소한 사건은 2005년 10월 18일, 민사 14부인 이상훈 재판장에게 배당됐지만, 시간만 흘러갈 뿐 진행되는 것이 없었다. 김 교수는 가만있지 않고 여러 차례 걸쳐 판사들의 직무유기와 직권남용에 대한 진정서와 탄원서를 대법원 인사과에 제출한다. 하지만 달라지지 않았다. 알고 보니 공교롭게도 인사실장은 바로 이상훈 재판장의 형, 이광범 판사였다. 김 교수는 이 또한 그대로 넘어가지 않았다. 2006년 12월 19일 김 교수는 피켓 구호를 "이광범 법원 인사실장님, 이상훈 판사 친형의 직무유기 감싸기요? 판사 형제는 용감했다?"로 바꿨던 것이다.

김명호 교수의 사건은 그 후 조관행 판사에게 배당되었다가 다시 난데없이 건설 담당(강영호 판사)으로 가는 등 2006년 3월 2일까지 계속해서 이리저리 미뤄지기만 했다. 이에 대해 김 교수는 법원 내부에서 자신에게 불이익을 주기 위한 압력 행사가 이뤄지고 있는 게 아닌가 하는 생각을 했다고 한다. 반면, 판사들이 서로 이 사건을 맡고 싶어 하지 않았을 수도 있다. 자신의 이름이 피켓에 오르내리는 것을 반길 판사는 없었기 때문이다.

이혁우 판사 역시 "안쓰럽게 왜 이 고생을 해요?" "이따 내 사무실로 와요."라며 다정스럽게 말을 붙여 보기도 했고, 이광범 인사실장과 이홍훈 법원장은 이야기를 좀 나눠 보자며 부르기도 했다. 또 2005년 12월 23일 기획조정심의관 임종헌 판사는 "우리 형도 수학 교수인데……." 하면서 "이광범·이상훈을 왜 물고 늘어지냐?"라며 달랬다. 실제로 그의 형인 고려대 수학과 임종인 교수는 1996년 김 교수의 부교수 지위 확인 소송 당시, 항소심 재판부에 탄원서를 보낸 전국 44개 대학 189명의 수학 교수 가운데 한 명이기도 했다.

그러나 김 교수는 피켓 시위를 멈추지 않았다. 김명호 교수는 대법원 정문 앞에서 "양승태 대법관님, 입시 부정도 대학의 자유재량입니까?"라는 피켓을 들며 과거 재판부까지 비판했다. 양승태 대법관은 김명호 교수가 1997년 부교수 지위 확인 소송을 제기했을 때 항소심을 담당했던 서울고등법원 부장판사였다. 또한 김 교수는 양승태 법관과 더불어 "이용훈! 왜 법 안 지키냐? 대법원장이 법이냐? 법 위에 있냐?"라는 피켓을 걸고 이용훈 대법원장까지 비판했다. 왜 갑자기 대법원을 문제 삼기 시작했을까? 사연이 좀 길다.

분명 김 교수도 다른 해직 교수들과 마찬가지로 법원에서 승소함으로써 자신의 명예 회복, 즉 자기가 옳았다는 것을 사람들이 알아줬으면 좋겠다는 마음을 가지고 있었다. 하지만 다른 해직 교수들은 판사 실명을 적어 일인 시위를 한다거나, 인터넷 일인 시위 일지 사이트에다가 사법부를 비판하는 글을 올리지는 않았다. 당시 해직 교수들 대부분의 관심사는 복직 그 자체였지, 법 내지 법원의 문제와 맞서려고 하지는 않았다.

하지만 김명호 교수는 달랐다. 그가 스스로 말하듯이 "사법부와 전면전"을 벌이게 된 데에는 두 가지 계기가 있었다. 물론 하나의 계기는 당연히 승소할 줄 알았던 1심(이혁우 판사)에서 패소한 것이었다. 다른 하나는 패소 판결이 나기 직전에 있었다. 김명호 교수에 따르면, "대법원과의 전면전을 벌이게 된 직접적인 계기는 '재임용은 학교 재량 행위'라는 판결을 가능케 했던 대법원의 법률 해석이 불법이라는 것을 발견하고 나서"라고 한다. 그는 이런 사실을 2005년 여름 윤병만 교수로부터 들었고, 한 달간 숭실대 법학 도서관에 다니며 확인했다고 한다.

재임용 관련 최초의 법률 해석(77다300)은 1977년에 있었다. 그 내용의 핵심은 특별한 문제가 없는 한 교수 재임용은 예정되어 있는 것으로 본다는 것이었다. 이를 전두환 정권 시절인 1987년 들어와 대법원이 변경하게 되는데, 이 판결(86다카2622)의 요지는 특별한 절차 없이도 학교는 재량으로 교수 재임용 여부를 결정할 수 있는 재량권을 갖는다는 것이다. 그런데 문제는 이 판결이 대법원 전원합의체를 열어서 한 것이 아니었다는 점이다. 기존의 대법원 판결을 변경할 경우 대법관 전원의 3분의 2 이상의 합의체에 의해 결정이 이루어져야 한다는 〈법원조직법〉 제7조 1항 3호를 위반한 것이다. 이를 알게 된 김 교수는 이 법률 해석 변경이 불법적으로 이루어졌음을 문제 삼지 않는 한 자신에 대한 판결 역시 기각될 것이라 판단했고, 이를 계기로 일인 시위의 성격이 자신의 문제에 대한 것에서 사법부, 특히 대법원에 대한 것으로 바뀌게 되었다. "양승태 대법관의 원죄"라는 피켓은 결국 그가 최초의 대법원 법률 해석(77다300)을 모른 척함으로써 양심 교수가 축출되는 것을 방조해 왔다는 의미를 담고 있었다.

그가 이용훈 대법원장을 피켓에 올리기 시작한 것은, 1986년 판례에 따른 법률 해석이 불법이라는 내용으로 대법원장에게 보낸 '공개 질의서'에 대한 답변서 내용 때문이었다. 김 교수는 대법원의 답변서가 자신이 제기한 질문을 교묘하게 왜곡할 뿐 제대로 답변하지 않았다고 생각했다. 그래서 이용운 대법원장이 허위 공문서를 작성했다고 고소하고, 일인 시위 피켓에 그 내용을 적어 항의했던 것이다.

하지만 김 교수의 이와 같은 방식에 우려를 나타내는 사람이 많았다. 2006년 2월 10일에는, 이런 광경을 매일 접했던 한 대법원 경비가 다가와서는 "법원 사람들이 김 교수 억울한 거 다 아는데, 이런 방식으로 시위를 하면 그동안 쌓아 놓은 동정심이 일시에 깎이지 않겠느냐."며 말을 건넸다. 하지만 김 교수는 동정심 얻자고 일인 시위를 하는 게 아니라며 차갑게 대꾸했다. 한번은 김 교수와 함께 오랫동안 각자의 사건을 가지고 일인 시위를 했다는 아주머니를 만난 적이 있었다. 그녀는 김명호 교수가 이용훈 대법원장을 건드린 것에 대해 혹독한 평을 했다.

김명호 교수는 바보 같아. 아이큐는 백점인지 몰라도 이큐는 빵점이야. 이용훈 대법원장이 무슨 죄를 졌어? 아니, 왜 그렇게 상관도 없는 사람들을 적으로 만들어. 그 사람들이 칼자루를 쥐고 있는데, 될 수 있는 한 그들을 자극하지 않으면서 선처를 구하는 식으로 해야지. 김명호 교수가 당시 나보고 왜 피켓에 판사들 욕하는 내용이 없냐고 따지더라고. 그렇게 하면 내 재산 찾을 수 있대? 내 재산 찾아 줄 수 있는 건 그 사람들인데, 그들이 칼자루를 쥐고 있는데, 그렇게 안 했으면, 이용훈 대법원장도 인간인데……. 왜 판사 이름들 다 써붙이면서, 다 등을 돌리게 만들어? 적으로 만들고. 내가 보니까 답답해. 어떨 때는 판사들이 차량 요일 죄다 안 지킨다고 뭐라고 구시렁구시렁 대고. 답답한 사람이야.

칼자루를 쥔 사람에게 선처를 구해야 한다는 말에, 내 머릿속에서는 곤혹스러운 감정이 스쳐 지나갔다. 김 교수는 판결문을 다용도용 흉기에 비유했고 자신은 그에 희생당한 수많은 피해자들 가운데 단지 한 명일 뿐이라고 했다. 하지만, 사법 피해자들을 포함해, 법원을 대하는 김 교수의 태도가 지나치다고 지적하는 사람도 적지 않았다.

만나는 재판부마다 피켓에 실명을 쓰며 비판하는 김 교수에게 친구들도 "제발이지, 현재 재판 중인 판사만은 하지 말라."고 조언했다고 한다. 김 교수를 아끼는 친구들이 비난의 강도를 '약하게, 약하게' 하라고 주문할 때마다, 그는 "이 정도의 경고 사이렌을 줘야 한 번이라도 더 법전을 찾아볼 것"이라고 말했다. 실제로 그가 피켓에 내건 내용에는 수많은 〈민사소송법〉 조항이 적혀 있었다.

대체로 사람들은 김 교수가 법 규정을 엄격하게 해석해 기존의 관행이 갖는 문제점을 지적한 것은 긍정적인 기여라고 평가했다. 물론 법 조항 간의 전체적인 맥락은 알지 못하고 어설픈 법 지식만으로 법리 논쟁을 벌인다는 조소도 존재하지만, 법원의 권위주의적 관행이나 분위기를 개선하는 데에도 김 교수의 단호한 태도가 좋은 영향을 남길 것이라고 보는 사람도 많았다. 법원에서 피의자나 변호인이 재판장의 선처에 의존하는 태도 역시 짚어 볼 점이 있다는 사람도 많았다.

그러나 이렇게 말하는 사람들조차 김 교수가 법원이나 판사를 대하는 태도에 대해 모두 동의하는 것은 아니었다. 인격적으로 판사에게 모욕을 주는 방식으로 몰아붙이는 것은 잘못이라고 보는 사람도 있었고, 법의 해석자로서 판사가 갖는 역할에 대해서는 기본적으로 존중해야 한다고 말하는 사람도 있었다. 그러나 김 교수는 동의하지 않았을 뿐만 아니라 그렇게 말하는 사람조차 인정하지 않았다. 결과적으로 김 교수에게 우호적인 시선을 갖던 사람들조차 김 교수와 점점 멀어져 갔고, 그럴수록 그의 싸움은 더 외로워졌다.

다른 해직 교수들의 접근 방법은 어땠을까? 물론 김 교수와 달랐다. 그들은 〈대학교원 기간임용제 탈락자 구제를 위한 특별법〉(이하 〈구제특별법〉)에 기대를 걸고 있었다. 이 법은 과거에 해직된 교수들을 구제할 목적으로 만들어졌고, 대구대학교 총장이었던 윤덕홍 씨가 노무현 정부 때 교육부 장관으로 취임한 이후 추진했으며, 2005년 7월 13일에 입법화되었다.

법안이 만들어지던 당시 박훈은 교수 노조 고문 변호사로 활동을 했다. 박훈 변호인은 어차피 국회에 가서는 누더기 법안이 될 터인데, 차라리 과거 피해자들을 구제하는 데 중점을 두기보다는 이런 피해자들이 생기지 않도록 아예 재임용 제도 자체를 없애 버리는 쪽으로 법안을 만들어야 한다고 주장했다. 김 교수 역시 〈구제특별법〉에 대해 매우 비판적이었다. 그는 이 법을 "매우 혐오"했을 뿐만 아니라, "완전히 빛 좋은 개살구로서 멍청한 돌대가리들이나 속여 먹는 법"이라며 자신의 소송을 이 법을 관련시키지 말아 달라고 필자에게 신신당부하기도 했다.

당시 김 교수는 교육부나 국회에서 〈구제특별법〉이 누더기가 될 것이라며 재임용 제도 폐지를 주장한 박훈 변호인의 생각이 옳다고 봤다. 훗날 석궁 사건이 일어나 김 교수가 송파경찰서에서 검찰로 이송되기 전, 가족들이 와서 어떤 변호사를 선임했으면 좋겠냐고 물었을 때 '박훈'을 지명했던 것도 그런 맥락에서였다. 게다가 힘없는 약자들 편에 서서 몸으로 싸운다는 이야기를 듣고 맘에 들었다고 했다.

일인 시위는 김 교수가 이런 사회적 약자들에게 관심을 갖게 되는 데 큰 영향을 미쳤다. 친구 이경호 교수는 김 교수의 심경에 많은 변화가 일어날 무렵, 그와 술자리에서 나눈 이야기를 잘 기억하고 있었다.

김 교수에 따르면 거기 피켓 들고 오는 사람 가운데 50퍼센트는 가짜래요. 그런데 나머지는 진짜로 우리 사회가 잘못됐다는 걸 보여 주는 사람들이래요. 거기 가서 사연을 들어 보면 그렇게 억울한 사람들이 많더라는 거예요. 전에는 남의 사건에는 관심도 없었고, 인권이니 노동자의 권리니 그런 이야기를 들을 때도 자기는 수학 문제 푸는 게 중요하지 그런 것은 못난 사람들이 하는 거라 생각했는데, 직접 겪어 보니까 수학 문제 푸는 것 못지않게 '이것도' 중요한 문제라고 보게 되었다고 하더라고요.

그러던 중에 2006년 4월 5일 서울중앙지방검찰청에서 김 교수에게 한 통의 전화를 했다. 대법원 경비 대장으로부터 고소장이 들어왔다면서 좀 만나자는 것이었다. 고발 이유를 물었더니 "인터넷과 피켓 구호에 허위 사실 유포로 인한 판사들 명예훼손"이라고 했다. 고위 법관(이혁우·이광범·이상훈·양승태)들은 경비 대장 전금식 씨 명의를 빌려 김 교수를 2006년 2월 23일, 서울중앙지검에 명예훼손으로 고발했다. 그런데 명예훼손이라는 것은 피해자의 의사에 반해 공소를 제기할 수 없고, 공소 제기가 되었다 해도 피해자가 처벌을 원하지 않으면 공소가 기각되는 반의사불벌죄反意思不罰罪에 해당된다. 한마디로 말해 명예훼손은 당사자가 아닌 이상 고소하지 못하게 되어 있다. 고소하더라도 검사는 검찰 관례상 기각 내지 각하해야 상식에 맞다.

그러나 당시 서울중앙지검 신성식 검사는 공소 제기했고, 2006년 5월 30일 김 교수는 명예훼손으로 기소(2006고단2456)되었다. 이제 김 교수는 민사재판에서는 '원고'였지만, 형사 공판에서는 '피고인'으로 싸우게 되면서, 〈형법〉과 〈형사소송법〉을 자주 펼쳐 보게 된다. 그리고 법원의 문제를 더 깊이 들여다보게 되었다. 신성식 검사가 기소한 이 명예훼손 사건은 훗날 석궁 사건이 벌어지자, 병합 처리되어 재판(2007고단373정보통신망이용촉진및정보보호등에관한법률위반)을 받게 된다.

물론 고위 법관(양승태·이상훈·이광범·이혁우 등)을 대신해 경비 대장 전금식 씨가 고발해 왔을 때, 김명호 교수도 가만히 있지 않았다. 자신을 상대로 한 "제3자에 의한 명예훼손 고소"를 조롱하듯이, 김 교수는 검사들의 명예를 훼손했다며 2006년 12월 11일에 이용훈 대법원장을 고소(2006형제135005)했다. 검사를 대신해서 제3자인 김 교수가 명예훼손으로 고소를 한 것이다. 그렇다면 이용훈 대법원장은 어떻게 검사의 명예를 훼손한 것일까?

이용훈 대법원장이 부산 지역을 시작으로 일선 법원을 순시할 때가 있었는데, 2006년 9월 19일 대전 법원에서 "검사들이 밀실에서 비공개로 진술을 받아 놓은 조서가 어떻게 공개된 법정에서 나온 진술보다 우위에 설 수 있느냐. 법원이 재판 모습을 제대로 갖추려면 검사의 수사 기록을 던져 버려야 한다."라고 말한 적이 있다. 이 발언의 배경을 두고 세간에서는, 당시 검찰이 뇌물 수수 혐의로 서울고법 조관행 부장판사에 대한 수사를 진행하는 과정에서 계좌 추적 영장 기각 문제로 법원과 검찰 사이에 신경전이 있었는데, 이에 대한 불만의 표시로 이용훈 대법원장이 강성 발언을 한 것이라고 쑥덕였다.

잘 모르는 독자를 위해 조관행 사건을 간단히 말하면 이렇다. 조관행은 전 서울고법 부장판사로서, 법조 브로커 김홍수 씨(58세)로부터 사건 청탁 대가로 1억2천만여 원의 금품을 받은 혐의(〈특정범죄가중처벌 등에 관한 법률〉상 알선수재)로 구속 기소되었으나 자신의 무죄를 주장하며 "(다른 판사들도 다 그런데) 왜 나만 처벌하느냐?"는 말로 파장을 일으켰다. 그러면서 법관이 변호사와 결탁해 판결을 구매하는 것 아니냐는 사회적 비판이 터져 나왔고, 결국 그는 2006년 12월 22일 징역 1년을 선고받았다. 그러나 이듬해 항소심에서는 1천만 원 상당의 식탁과 소파를 받은 부분만 유죄를 인정해 징역 10월에 집행유예 2년을 선고했고, 이는 대법원에 의해서도 인정되었다.

이제 이야기의 방향을 돌려 박홍우 판사에 대한 이야기를 해보자. 2005년 9월 21일 1심 패소 후 2005년 10월 18일 서울고등법원에 항소한 김 교수의 교수 지위 확인 소송은 이리저리 미뤄지다가 2006년 3월 3일에야 노동 전문 재판부, 민사 2부(부장판사 박홍우)에 배당됐다. 그리고 4월 7일 첫 기일이 열렸다. 하지만 그 후에도 김 교수는 재판 과정에서 나타나는 박홍우 판사의 잘못을 지속적으로 지적했다. 당시 박홍우 판사를 비판하며 들었던 피켓의 문구에는 "박홍우 서울고법 민사 2부 판사는 무법자냐? 위반한 〈민사소송법〉들 : 제147조(제출기간의 제한), 제149조(방어방법의 각하), 제159조(변론의 녹음), 제164조(조서 이의), 제199조(종국판결 기간), 제207조(선고 기일), 제256조(답변서 의무), 제283조(조서 기재 사항)"라고 쓰여 있었다. 석궁 사건 당시 김 교수는 경찰 및 검찰 조사에서도, 재판 진행 과정에서 재판장을 맡았던 박홍우 판사가 〈민사소송법〉에 나온 수많은 재판 절차를 어겼다고 진술했다. 모든 게 피고(성균관대) 측에 유리한 쪽으로만 진행되었다는 것이다. 하지만 박홍우 부장판사는 석궁 사건 검찰 진술 조서(2회, 2007년 2월 2일)에서 김 교수가 지적한 부분들과 관련해 법정에서 원고에게 모든 것을 다 설명했다고 말했다. 단지 "김 교수 성향상" 수긍하지 않았을 뿐이라고 했다.

그렇다면 실제 무슨 일이 있었는가. 김 교수가 요구한 〈민사소송법〉 "제159조(변론의 녹음) 신청"을 재판장인 박홍우 판사가 받아 주지 않았기에 당시 재판에서 어떤 말들이 오갔는지는 알 길이 없다. 하지만 법원 사이트로 들어가 사건 검색란에 "2005나84701, 당사자명 김명호"를 입력하면 재판이 어떻게 진행되었는지 추적할 수 있다. 5월 29일 세 번째 변론 기일에 박홍우 재판장은 재판을 그날 종결하고 6월 16일 선고를 내리겠다고 했다. 그런데 선고 일자를 계속 연기하더니, 12월 22일 재판을 다시 열었다. 이날 피고 측 증인이 두 명 나왔는데, 이 사실을 원고인 김 교수에게 알리지도 않았던 것이다. 그리고 재판을 종결했다.

이와 같이 "항소심에서는 기록을 받은 날로부터 5월 이내에 선고한다."라는 〈민사소송법〉 제199조(종국판결 기간)를 어겼고, 기습적인 증인이 등장해 성균관대학교 측에 유리한 증언들을 쏟아 낸 후 변론이 종결됐음에도, 판결이 내려지기 직전까지 김 교수는 한 가닥 기대를 걸고 있었다. 1심에서는 패소했지만, 내용적으로는 50퍼센트 승소했다고 김 교수는 생각했던 것이다. 심리 자체가 아예 없었던 1995년과 비교해 보면, 1심 이혁우 판사는 교육자적 자질을 뺀 연구 업적 부분에서는 김 교수 편을 들어줬기 때문이다. 그래서 '항소심에서 나머지 교육자적 자질만 충분히 입증하면 되겠구나.' 하는 희망을 걸었다.

친구 정달영 교수에 따르면, 김 교수는 항소심이 진행되던 2006년 5월 22일에 배석판사로 들어왔고, 훗날 실제 판결문을 썼던 이정렬 주심판사에 대해 칭찬을 많이 했다고 한다. '억대 내기 골프 도박 무죄판결', '양심적 병역 거부 무죄' 같은 주목받는 판결을 보고, 이정렬 판사는 그나마 대법원과는 독립된 판단을 해줄 것이라며 기대를 많이 했다는 것이다. 물론 이정렬 판사도 김 교수가 재판부를 신뢰한다는 것을 알고 있었다. 그는 김 교수가 재판부를 불신했다면 기피 신청을 했을 것이라고 말했다.

석궁 사건 당일인 2007년 1월 15일 오전에도 김 교수는 어김없이 일인 시위를 했다. 함께 일인 시위를 했던 김기자 씨(1948년생)는 당일 상황을 기억하고 있었다. 김기자 씨는 "그해 겨울은 몹시 추웠다."며, 얇은 추리닝을 입고 나온 김 교수를 보고 "아저씨, 운동화가 너무 얇아서 발이 추워 보여요."라고 말을 건넸는데, "발가락을 계속 움직이고 있다."는 대답을 듣고 가슴이 아팠다고 했다. 시위를 마친 후, 김 교수와 김기자 씨는 서울중앙지방법원으로 함께 걸어갔다.

서관 문으로 들어가면 계단 입구에 안내 데스크가 있다. 그 옆에 피켓들을 가지런히 놓고 검색용 컴퓨터가 있는 2층으로 올라갔다. 그렇게 각자 자리에 앉아 자신의 사건을 검색하다 고개를 돌려 보니 김 교수가 보이지 않았다고 한다. 안내 데스크로 가보니, 이미 김 교수 피켓도 사라지고 없었다.

애초 그날 오후에는 오랜 친구인 이경호 교수를 만나기로 되어 있었다. "이기면 축하 자리가 되고 지면 위로 자리"가 될 테니 "이기건 지건 우리 만나기로 하자."며 약속을 잡아 둔 상태였다. 그런데 김 교수에게서 온 전화를 받으니, 풀 죽은 목소리로 항소가 기각됐다는 소식을 알려 왔다고 한다. 집에 들어가 연락을 기다리는데, 저녁 6시 40분경 다시 전화가 왔다. 못 만날 것 같다는 내용이었다. 이경호 교수가 "일이 안 끝났니? 그럼 내일이라도 보자."라고 하자, "아니 그게 아니고 나 지금 경찰차야."라는 대답이 돌아왔다. 이경호 교수는 당시 상황을 이렇게 전했다.

무슨 소리냐고 묻자, 김 교수가 "판사하고 싸움이 붙었는데 별로 다친 것 같진 않아."라고 말하는데, 옆에서 경찰이 끄라고 한 거 같아요. 전화가 끊겼어요. 그런데 궁금해서 다시 걸었는데 받아요. 잠실 지구대래. 어떻게 된 거냐고 물으니 "박홍우 판사를 찾아가서 겁만 주려고 했는데, 활을 잡는 바람에……."라기에, 내가 "활이 뭐야?" 그랬죠. 난 김명호 교수가 석궁을 갖고 있었던 걸 몰랐어요. "내가 석궁을 가져갔어."라는 답을 들으니 황당했죠. (박홍우 판사가) 활을 잡아서 뒤엉켜서 하다 보니까 화살이 나갔는지 어떤지는 잘 모르겠대요. (박홍우 판사는) 다친 것도 같고, 안 다친 것도 같고. 하여튼 일어나서 툭툭 옷을 털면서 자기 집에 갔대요. 그 정도 이야기하다가 딱 끊겼어요. 그런데 그때부터 뉴스에서 난리가 난 거예요. 사법부에 대한 테러라는 둥. 그래서 안 되겠더라고요. 정달영 교수하고 송파경찰서에 갔어요. 하지만 못 만나게 하더라고요. 그런데 얼마 안 돼서 성균관대 입시 부정 문제에는 전혀 관심을 안 보이던 기자들 수십 명이 와서 우리끼리 대화하는 걸 조용히 옆에서 엿듣다가 친구인 걸 알고는 "인터뷰 좀 하시죠." 하면서 명함들이 막 들어오는 거야.

김 교수는 2007년 1월 15일 아침 일인 시위 후 서울중앙지방법원 2층 법원 전용 컴퓨터에 들어가서야 자신이 패소한 사실을 알았다. 그런데 왜 김 교수는 박홍우 부장판사가 사는 아파트로 갔을까. 당시 김 교수는 재판장을 맡은 박홍우 판사를 만나 따져 봐야겠다고 생각했다. 그런데 문제는 판사들이 안 만나 준다는 데 있었다. 개인적인 친분이나 연줄이 없이 판사들을 만나는 것은 쉬운 일이 아니다. 그래서 그는 박홍우 부장판사의 아파트로 찾아가야겠다고 생각했다. 바로 퇴근 시간에 맞춰서.

박홍우 판사의 집은 어떻게 알아냈는가? 사실 사법 피해자들이 판사의 집에 쫓아가는 행위는 언론에만 나오지 않을 뿐이지 김 교수가 처음은 아니었다. 사법 피해자 변○○ 할머니는 이○○ 대법관의 집을 알아보려고 그 판사의 관용차를 여러 차례 미행했다. 마침내 대법관의 집을 찾아낸 변 할머니는 그 판사 집 앞에서 약 먹고 죽겠다고 난리를 쳤다고 한다. 훗날 변 할머니를 서울중앙지법에서 만나, 왜 미행했냐고 물어봤다. 주소를 가르쳐 주는 사람이 없으니 추적할 수밖에 없었다고 했다. 서민들은 처음부터 끝까지 이렇게 발로 뛰는 방식으로 접근한다.

그렇다면 김명호 교수는 어땠을까. 앞서 언급한 바 있지만, 김 교수는 양승태 대법관의 모든 것을 연구했다. 김 교수가 쓴 인터넷 글들을 읽다 보면, 양승태 대법관 비판을 위한 일지라고 해도 무방할 정도다. 김 교수는 대법관 양승태가 파기환송한 김광윤·윤병만 교수의 판결(2006년 3월 9일 양승태 주심 선고 2002두8640) 내용이, 다른 해직 교수들, 즉 동국대 윤혜진 교수, 대구미래대 11명의 재임용 판결, 영남대 이순우 교수 등 다른 판결문에 어떤 영향을 미치는지를 따졌다. 그러면서 "양심 교수를 10년 최저 생활자로 만들고 자신은 작년 한 해만 2억7천만 원 벌어들인 국제적 망신, 양승태"(2006년 3월 9일)라고 비판했는데, 이 내용을 만들기 위해 공직자 재산 증가액을 알려 주는 사이트에 접속했다. 그곳에서 박홍우 판사의 주소를 보게 되었다고 했다.

왜 석궁을 들고 갔을까? 김 교수는 뭔가 박홍우 판사도 무서워할 만한 것을 가지고 가야 대답을 들을 수 있을 것이라고 판단했다. 그는 이를 일종의 "국민 저항권"의 한 방법이라고도 정당화했다. 김 교수는 대체 언제 이 석궁을 구입했을까. 친구인 숭실대 정달영 교수는 김 교수가 두 달 전 종로의 파고다 공원 근처에서 석궁을 구입해, 그걸로 스트레스를 풀고 있다는 것을 알고 있었다. 정달영 교수 본인도 대학교 때 양궁 동아리에서 활을 쏴본 경험이 있었기에, 석궁에 대한 이야기를 나누곤 했단다.

석궁을 들고 간 현장에서 붙잡힌 후, 김 교수는 "판결 테러에 맞서는 건 테러가 아니고 정당방위다."라며 억울함을 토로했다. 그러나 이정렬 판사(서울고법 민사 2부와 같은 합의 재판부는 부장판사인 재판장과 두 명의 배석판사로 구성된다. 테러를 당한 박홍우 부장판사는 김 씨가 낸 소송의 재판장이었고, 두 명의 배석판사 가운데 한 명이었던 이정렬 판사는 주심판사로서 사건을 주로 심리하고 판결문을 작성한 뒤 박홍우 부장판사의 재가를 거쳐 판결에 이르렀다)는 『한겨레21』과의 인터뷰(2007년 1월 19일)에서 자신 또한 김 교수에게 배신감을 느낀다며 "판결문이라도 보시지."라고 말했다. 그의 말처럼 김 교수는 판결의 결과만 확인했을 뿐 판결문을 읽어 보고 간 것은 아니다. 하지만 서울대 김세균 교수는 "판결문을 읽고 찾아갔으면 더 큰 일이 벌어졌을 것"이라고 말했다. 대체 판결문에는 어떤 내용이 들어 있었을까?

교육자적 자질 문제와 관련해 김 교수의 주장은 받아들여지지 않았다. 이경호 교수는 자기가 김 교수에게 조언해서 생긴 일인 "오후에만 강의를 몰아서 했다."가 판결문에 들어가 있다며 자신이 김명호를 쫓아낸 데 일조한 것 같다며 쓴웃음을 지었다. 또 대학교수의 입장에서 보면 코미디 같은 내용들이 들어가 있다고 했다.

교수 연구실 방문에는 '재실/외출/강의/회의/교내/출장/부재' 등으로 분류된 표식이 있다. 그런데 김 교수 연구실 방문에는 항상 '교내'라고 되어 있는데 실제로는 방에 없었다는 것까지 판결문에서는 문제 삼고 있었다. 이경호 교수는 교수들 가운데 방을 나설 때마다 이걸 돌려놓는 사람이 몇이나 되겠냐고 반문하면서 이런 식으로 문제를 삼으면 오히려 교수 자질을 갖춘 사람을 찾기 어려울 것이라 했다. 김 교수가 동료 교수들과 화합하지 못한 점, 우수한 성균관대학교 학생을 다른 학교로 보낸 사실이 해교 행위로 인정되었는데, 방송에 출연했던 한 제자는 "이게 해교 행위면 유학 보내는 건 매국 행위인가."라며 이해할 수 없다는 의견을 내놓은 적도 있다.

김 교수를 가장 충격으로 몰아넣은 것은 김 교수가 수업 시간에 이런 욕을 했네, 교수들에게 저런 욕을 했네 하는 등의 이야기들이었다. 그 밖에도 횡단보도 앞에서 욕한 것, 수업 시간에 시위로 인해 수업 방해를 받자 말을 함부로 한 것 등이 사유로 제시되었다. 이런 내용들은 1995년 사건 당시 학교로부터 정직 3개월의 징계를 받을 때 그 근거로 제시된 것이었는데, 그 이듬해인 1996년 교육부 징계 재심위원회에서는 모두 무혐의로 처리된 것들이다.

판결문의 압권은 다음과 같은 표현이다. "문제의 오류를 지적함으로써 보복을 당할 수 있음에도 불구하고 학자적 양심에 따라 정당한 원칙을 주장하기 위한 용기 있는 행동을 할 것이면, 스스로 자신이 대학 교원으로서 지녀야 할 다른 덕목도 갖출 수 있도록 노력하였어야 할 것인데"라는 대목이다. 입시에 출제된 문제가 잘못된 것임을 지적한 용기를 조롱하면서, 그럴 용기라면 교수로서 인격 개선에나 노력했어야 한다는 것이다. 그렇지 못해서 교수 해임은 정당하다는 것이다.

이런 논리에 따르자면, 우리는 옆에서 살인강도가 일어나도 이를 제어할 용기를 발휘하기에 앞서, 스스로 인간적인 자질을 갖추고 있는지 따져 봐야 한다. 자질이 없는 사람이라면, 공익을 위해 용기를 내서도 안 될 것이기 때문이다. 판결문은 누군가의 잘못에 항의할 용기를 가졌다면, 그러기 전에 자신의 덕목을 갈고닦는 데에나 그 용기를 쓰라고 말하고 있는데, 이런 도덕론이 "법정에 와서 법의 잣

대를 들이대는 순간은 법대로 할 수밖에 없다."라고 말하는 이정렬 판사의 '법대로' 논리와 어떻게 연결되는지 궁금할 따름이다.

1997년 김 교수 재임용 탈락 사건 당시 성균관대 수학과의 한 동료 교수 역시 교육자적 자질을 문제 삼은 것은 잘못이었다고 말했다.

교육자적 자질에 대해 말하는 것은 참으로 힘든 거예요. 교육자적 자질을 논하는 것은 주관적인 것이고 객관적으로 드러난 사실도 다는 아니라고 봐요.

이정렬 판사가 판결문을 보면 재판에 대한 오해가 풀릴 것이라 하니, 독자 여러분들도 꼭 읽어 보기 바란다. 이 책 끝에 부록으로 달아 두었다.

이쯤에서 다시 지금까지의 이야기를 정리해 보자. 우리의 일상생활에서도 법치 혹은 법의 지배라는 말은 익숙할 정도로 자주 등장한다. 간단히 말해, 법 앞에서는 누구나 평등하며 이를 통해 시민 개개인의 자유와 권리를 보장하고 사회정의와 공적 질서를 실현할 수 있다는 뜻이다. 법의 지배 없이 인간 공동체가 유지될 수 있다고 믿는 사람은 분명 많지 않을 것이다.

그러나 법이 있다고 해서, 혹은 법이 누구나 따라야 할 의무나 규범으로 부과되었다고 해서 법의 지배가 실현되는 것은 아니다. 엄혹한 독재 정권 시절에도 법은 있었고, 당시의 현실과 무관하게 "대한민국은 민주공화국이다."라고 쓰여 있는 헌법도 있었다. 1970년 11월 13일 전태일은, 무슨 '계급 혁명을 하자'고 한 것이 아니라, "근로기준법을 준수하라."고 외치며 분신했다. 이승만 정권도, 박정희 정권도, 전두환 정권도 다 법치를 외쳤다.

법의 지배가 실현되기 위해서는 크게 두 가지 조건이 필요하다. 하나는 보통의 시민보다 영향력이 큰 사회적 강자 집단들과 국가의 권력 집단이 법의 지배에 따르도록 강제할 수 있어야 한다. 다른 하나는 보통의 시민들이 법의 지배에 따르는 것이 자신들의 목적을 달성하는 방법이라고 생각할 수 있어야 한다. 요컨대 보통의 시민들에게 법에 순응할 만한 충분한 이유가 실증되어야 한다는 말이다. 오직 이럴 때에만 법의 지배는 공동체를 규율하는 규범이자 의무가 될 수 있다.

그렇지 않다면 어떻게 될까. 사회적 강자와 권력 집단들이 법의 지배에 순응하지 않으면 어떻게 될까. 보통의 사람들이 법에 자발적으로 순응해야 할 근거가 약해진다면 어떻게 될까. 그것은 '법을 앞세운 강제' 혹은 권력을 가진 자들의 '법에 의한 지배' rule by law 라고는 할 수 있을지 몰라도 '법의 지배'rule of law와는 거리가 먼 것이 아닐 수 없다.

김명호 교수의 사례는 우리 사회에서 법의 집행이 누구를 위한 것인지를 실증해 준다. 법의 판결은 출제 오류를 지적한 한 개인의 자유와 권리를 보장하는 역할을 했는가. 사법부와 법관의 권위주의에 도전하는 것은 절대 용납될 수 없다는 특권 의식이 잘못된 판결을 만들어 낸 것은 아닐까. 시민의 인성과 태도까지 규율하겠다는 판사의 판결은 과연 어떤 근거로 정당화될 수 있을까.

독자 여러분의 생각은 어떨지 모르겠지만, 법의 지배를 요구하려면 거의 자신의 안위를 돌보지 않는 투사가 될 정도의 각오를 해야 하는 지금의 현실은 분명 잘못된 것이라고 나는 생각한다. 김 교수가 석궁을 왜 들고 갔는지, 정말 쏜 것인지, 아니면 조작된 것인지 등의 문제와는 별개로, 선출되지 않은 최고의 권력으로서 한국의 사법부는 이대로 관용하기는 어려운 지경이 아닌가 한다. 한국에서 가장 위선적인 집단이 누군가를 묻는다면, 나는 서슴없이 법률가 집단을 꼽을 것이다. 21세기와는 전혀 어울리지 않는 법복을 입고 나와 사법 정의를 외쳐 대는 그들을 보고 있노라면 초현실적 부조리극을 보고 있는 것이 아닌가 하는 착각이 들기도 한다.

이제 석궁 사건 이후 사법부와 법원의 반응과 결정을 살펴볼 차

레인데, 지금까지는 그야말로 약과다. 이제 대한민국 판사들의 실력과 수준, 그 우스꽝스러움에 맞서는 돈키호테의 무모한 도전이 시작된다. 이를 통해 우리는, 법의 지배란 이를 집행하는 사람들이 제대로 되지 않고는 실현될 수 없다는 점에 대해 생각해 보게 될 것이다.

별난 재판의 / 풍경
4장

일치하는 진술 부분

"남에게 해를 끼칠 일은 안 할 사람인데……." 김 교수는 살해할 맘을 먹고 석궁을 들고 간 것은 아니라고 했지만, 가족들은 석궁을 들고 갔다는 사실 자체도 받아들이기 힘들어했다.

송파경찰서는 피습을 당해 응급실로 실려 간 피해자 박홍우 부장판사를 상대로 당일과 이튿날 두 차례에 걸쳐 피해자 진술 조서를 확보했다. 서울 송파구 잠실동 ○○아파트, ○동 1층 엘리베이터 입구에서는 어떤 일이 벌어졌을까. 사건 당일의 경찰 진술 조서를 보면, 두 사람의 진술은 아파트 입구에서 만나기 직전까지는 비슷하다.

김 교수는 2007년 1월 15일 6시 30분경 서울 송파구에 있는, 박홍우 판사가 사는 아파트 현관으로 들어가 1층에서 2층으로 올라가는 계단 3~4개 정도쯤에서 석궁에 화살 한 발을 장전한 채 박홍우를 기다렸다. 서울고등법원에서 운전기사 문경석 씨가 운전하는 관용차로 퇴근한 박홍우는 승용차에서 내려 현관 입구로 들어간다. 1층 엘리베이터의 버튼을 누르고 기다리는 순간 뒤편에서 김 교수가 "박홍우 판사!"라고 불렀다. 그러자 박홍우 판사는 뒤를 돌아봤다.

정반대인 진술 부분

박홍우 판사는 사건 당일 경찰 진술 조서에 김명호가 계단으로 내려오면서 약 1미터 50센티미터가량 앞에서 바로 석궁을 쏘고 죽여 버린다고 말하고는 덤벼들었다고 했다. 김 교수는 정반대다.

단지 "항소기각 이유가 뭐냐?"며 계단을 내려갔는데, 문제는 박홍우 판사가 석궁을 잡을 수 있을 만큼 너무 가까이 내려왔다는 것이다. 박홍우 판사가 석궁의 앞부분을 잡고는, 석궁을 서로 뺏으려고 했다는 것이다. 그러는 와중에 화살이 우발적으로 발사됐다. 결국 아파트 경비와 문경석 기사가 달려와 둘을 떼어 놓았다. 그리고 박홍우 판사는 아파트 집으로 올라갔다.

송파경찰서, 살인미수로 몰아가다

사건 당일 김명호 경찰 진술 조서는 "아래 피의자에 대한 살인미수 피의 사건에 관하여"로 시작된다. 송파경찰서는 처음부터 '살인미수'로 몰아가려 했다.

친구 이경호 교수 증언도 그 사실을 뒷받침해 준다. 사건 다음 날 아침에 경찰이 찾아왔다고 한다. 사건 당일 김명호의 통화 내역을 조사해 보니 아침, 낮, 심지어 파출소에서까지 통화한 인물이기에 배후 인물 선상에 오른 것이다.

친구 이경호의 회상을 재구성해 보면 이렇다. 당시 진술서를 쓰는데, 옆에서 경찰이 계속 '김 교수가 살의를 가지고 있었다'는 쪽으로 몰아가더란다. 하지도 않은 이야기를 형사가 자꾸 조서에다가 알아서 쓰더라는 것이다. '겨냥해서'와 같은 말도 자꾸 붙였다. 그러자 "아니, 오늘 조사를 시작하는 거 아니에요? 그런데 살의가 있었는지 어떤지 어떻게 아세요, 형사님은!"이라고 따졌더니, "아, 저도 죽겠습니다."라는 답변이 돌아왔다.

당시 박홍우 판사는 경찰 진술 조서에서 "계단 3~4개 정도 위에서 내려오면서 발사된 것 같다."라고 했다. 걸어서 집에 들어갔던 박홍우 판사는 119의 도움을 받아 올림픽 대로를 지나 서울의료원으로 갔고 다시 서울대병원으로 옮겼다. 옮길 때마다 상처 길이가 0.5센티미터(119 구급 대원), 1센티미터(서울의료원), 2센티미터(깊이는 1.5센티미터, 서울대병원)로 약간씩 차이를 보였다. 송파경찰서는 박홍우 판사의 진술을 토대로 석궁 발사 실험을 해본다. 그런데 여기서 문제가 생긴다.

송파경찰서에서는 박홍우 판사가 말한 계단 3~4개 위에서 석궁을 발사해 보았다. 예상과는 달리, 2센티미터 두께인 합판을 관통하고도 뒤쪽으로 화살이 15센티미터나 '살벌하게' 튀어나왔다. 화살을 누름판에 충분히 장착('완전 장착')하고 발사하면 배를 뚫어 버릴 정도의 위력이었던 것이다. 이때부터 위력이 약하게 날 수 있는 발사를 고민하게 된다. 그리하여 고심 끝에, 불완전하게 장착된 상태를 생각해 낸다. 그것은 화살을 다 끼우지 않고 중간에 걸쳐 놓은 상태를 말한다. 송파경찰서는 "불완전하게 장착된 상태에서 박홍우 판사가 말한 계단 3~4개를 내려오면서 쐈기 때문에 2센티미터의 상처가 났다."라고 결론을 내렸다.

이를 두고 석궁 전문가 고영환 씨는 이론적으로는 그럴듯해 보이지만 실제로는 일어날 수 없는 '소설'이라고 했다.

화살 누름판에 눌리지 않은 상태에서 걸쳐 놓고 이렇게 하향 사격하면 (화살이) 흘러내리거든요. 경찰이 소설을 쓴 거예요. 말이 안 되는 이야기를 쓴 거예요. 화살이 흘러내리는데 될 수 있는 이야기냐고. 경찰이 소설을 쓴 거야. 곤두박질을 치는데, 화살이……

고영환 씨는 이런 석궁 실험 수사 내용에 대해 2007년 4월 2일 3차 공판에 나와서도 같은 이야기를 했다.

구속영장 신청

수학에서 가장 어려운 것이 김명호 교수가 전공한 위상수학이라면, 〈형법〉에서 가장 어려운 것은 '고의범'을 가리는 문제다. 실제로 김 교수가 박홍우 판사를 죽일 마음으로 갔지만 실패로 돌아가자 형량을 낮추기 위해 '석궁이 우발적으로 발사됐다'고 말할 가능성도 있는 것이고, 실제로 검찰도 이 부분을 추궁했다. 당연히 김 교수는 부정했다. 따라서 법적 다툼의 초점은 우발적인 발사인가 조준해서 쐈는가에 있었다.

'우발적인가, 고의적인가'에 대한 논쟁은 2007년 3월 8일 한화 김승연 회장이 주도한 청계산 미스터리 사건에서도 뜨거운 논란을 일으켰다. 청계산 미스터리의 발단은 이렇다. 3월 8일 오전 7시, 김 회장의 둘째 아들이 청담동 G 유흥 주점에서 북창동 S 클럽 종업원들과 시비가 붙어 맞고 들어온다. 눈덩이에 맞은 자국을 본 아버지는 분노한다. 저녁 7시 김승연 회장이 아들을 때린 사람을 찾기 위해 경호원을 대동하고 G 유흥 주점에 도착했다. 밤 9시, 김승연 회장 일행이 아들을 때린 네 명을 차에 태워 청계산 주변 공사장으로 향한다. 그리고 사정없이 구타했다. 특히 눈 주변을.

2007년 광복절을 앞두고 국회 앞에서 '경제인 김승연 회장에 대한 사면'을 요구하는 분을 만난 적이 있었다. 그는 김승연 회장 폭행 사건을 설명하면서 곳곳에 '우발적'이란 단어를 갖다 붙였다. 즉 조폭을 거느리고 겁을 줘서 화해시키려고 간 것인데, 거기서 북창동 S 클럽 종업원들이 거짓말을 하니 우발적으로 손이 나가고, 기타 등등. 우발적으로 그렇게 구타했다는 것이다.

석궁 사건은, 김명호 교수의 말대로 화살이 우발적으로 발사됐고 둘이서 엎치락뒤치락하면서 몸 여기저기에 멍이 든 정도라면, 과실상해죄에 해당한다. 과실상해죄는 주로 벌금형에 처해진다. 하지만 박홍우 판사의 진술처럼 조준해서 발사했다면 살인미수에 해당한다. '조준했다'는 말 한마디가 엄청난 차이를 만들어 내는 것이다.

당시 송파경찰서 내부에서는 "살인미수, 이게 말이 됩니까. 송파

초등학교 애들이 웃어요."라는 이견이 있었다고 전해지나, 사건 발생 다음 날(16일), 송파경찰서 이희성 형사과장은 취재 기자들 앞에서 이틀간의 수사 결과를 발표한다. "석궁을 하필이면 두 달 전에 산 점", "돌아다니다가 박홍우 판사를 만난 것도 아니고 퇴근 시간에 맞춰서 기다리고 있었던 점", (게다가 당시 뒤늦게 현장에서 수거된 석궁 케이스 안을 뒤져 보니 회칼이 있었다면서) "석궁 가지고 부족하면 죽이려고 칼을 준비한 점" 등을 들어 살해 의도가 있었다고 주장했다. 그러고는 사건과는 관련이 없는 회칼을 현장검증 당시 범행 도구들이라고 늘어놓았다. 언론의 카메라가 사방에서 터졌다. '찰칵! 찰칵!' 사건 이틀 뒤(17일), 김명호 교수에 대해 살인미수 혐의로 서울동부지방검찰청(이하 동부지검)에서 청구한 구속영장이 동부지방법원을 통해 발부되었다.

박홍우 판사의 진술 번복

송파경찰서의 '살인미수'와는 달리, 정작 수사를 지휘하던 동부지검은 김 교수를 단순 상해 혐의로 기소했다. 그리고 사건은 더욱더 복잡해졌다. 왜 그랬을까. 2008년 5월 30일 참여연대 느티나무홀에서 열렸던 '김명호 교수 재판 토론회'에 나온 최강욱 변호사(민변 소속)

의 말을 인용해 보자.

> 저도 '아! 이분이 살인미수로 처벌받겠구나.' 하고 생각하고 있었어요. 그런데 사건이 전개되는 과정에서 무시할 수 없는 여러 이야기를 들었어요. 제가 현재 법조인이고, 아는 사람들이 이 사건에 관여가 많이 됐어요. 그 과정에서 여러 가지 이야기를 들었어요. 거기서 의문을 갖게 된 거예요. 처음에 이 사건이 동부지검에 송치됐을 때 우연히 다른 일로 동부지검에 갔다가 친한 선배 검사를 만나서 이야기할 기회가 있었어요. 물론 선배는 담당 검사는 아니었는데, 상당히 경력 있는 검사가 하는 말이 "살인미수로는 못 할 상황이고 수사가 어려운 상황이다."라는 겁니다. "아니, 언론 보도를 보면 명백한 사건 같은데, 왜 이 사건이 어렵습니까?" 하고 물으니 "피해자 박홍우 부장판사의 진술이 일관성이 없어 담당 검사가 애를 먹고 있다."라고 하는 거예요. 이미 문제는 그때부터 배태된 것이죠.

상해와 살인미수는 경계선상에 있다. 사람을 죽이려고 했는지 어떤지 그 마음은 아무도 모른다. 단지 겉으로 드러나는 것을 따지는데, 일단 행동의 동기를 본다. 그 사람과의 관계, 피해자와 가해자 사이의 관계, 사건에 사용한 도구가 칼이냐 주먹이냐, 그런 주변 정황을 살펴보는 것이다. 박홍우 판사에 대한 개인적인 원한에서 살인의 고의성을 입증해 내기 어렵고 김 교수도 이를 부인한다면, 석궁 같은 치명적 무기를 들고 갔을 때 어느 지점에서 어느 부위를 쐈는지가 중요한 쟁점 사항이 될 것이다. 그런데 1월 25일 검찰 조사에서 박홍우 판사는 상처가 난 경위에 대한 진술을 번복한다.

처음에는 계단 3~4개를 내려오면서 1.5미터 거리에서 정조준해서 쐈다고 말했다. 그러나 검찰 조사에서는 진술이 "기억이 잘 안 난다."로 바뀌게 된다. 번복 원인은 병원 의사로부터 상처의 방향에 대해서 들었던 말과 홍성훈 형사가 병원에 찾아와 "의사에게 확인해 보니 현재 상처로는 화살의 방향을 정확하게 알 수가 없다."라는 말을 들었기 때문이라는 것이다. 그러면서 검찰 수사가 막히기 시작했다.

진술이 번복된 부분은 그뿐만이 아니다. 화살을 뽑은 시점도 김 교수와 실랑이를 벌인 후(경찰 진술 조서 1월 15일)에서 실랑이를 벌이기 전으로 바뀌었다. 그러나 김 교수는 일관되게 "화살 맞고 왜 몸싸움하겠느냐."라고 주장했다. 사건 당일 박홍우 판사는 바닥에 떨어진 부러진 화살을 주변에 버렸다고 했다. 그런데 검찰 조사에는 경비에게 줬는지 기억이 안 난다고 바뀌었다.

이처럼 박홍우 판사가 서울동부지검에 출두해 "화살에 맞았다."는 것 외에는 "기억이 나지 않는다."로 진술이 바뀌었음에도 조주태 검사가 작성한 2007년 2월 8일자 공소장(2007형제3995)은 달랐다. 조주태 검사는 공소장에 "기다렸다가 다가가 피해자에게 화살 1발을 발사하고"라 기재했다. 당시 공소사실에 적용된 실제 죄명은 〈폭력행위 등 처벌에 관한 법률〉 위반(집단, 흉기 등 상해), 〈총포·도검·화약류 등 단속법〉 위반이고, 적용 법조는 〈폭력행위 등 처벌에 관한 법률〉 제3조 1항(회칼을 소지한 부분), 제2조 1항(폭력 등), 〈형법〉 제257조 1항(상해), 〈총포·도검·화약류 등 단속법〉 제73조 1항, 제17조 2항이었다.

이 조항들이 적용될 경우 김 교수는 '3년 이상의 유기징역'에 해당된다. 여기서 왜 3년이 중요한가 하면 이게 바로 '필요적 변호' 사건에 해당되는 기준이기 때문이다. 국선이든 민선이든 간에 변호인을 반드시 붙여 줘야 하는 사건이란 뜻이다. 〈형사소송법〉 제282조는 필요적 변호 사건에서는 "변호인 없이 개정하지 못한다."라고 규정하고 있다. 피고인의 방어권을 위해 만들어진 조항이다.

김 교수가 송파경찰서에서 검찰로 이송되기 전, 가족들은 어떤 변호사를 선임했으면 좋겠냐고 물었고 김 교수는 '박훈 변호인'을 이야기했다. 가족들은 이 뜻을 창원에 있던 박훈에게 전했지만, 그는 변론 제의를 거절했다. 당시에 왜 안 맡았냐고 물어보았다.

싫다고 한 게 아니고 가장 큰 문제가 장소인데 내가 창원에 있는데, 서울에 있는 큰 사건을 맡기에는 심히 불편하죠.

▎뭐가 불편한데요?

민사사건은 가능한데, 구속된 사건들은 초반에는 서울에서 살다시피 해야 돼요. 수사 과정부터 다 입회를 해야 하고, 밀착 마크를 해야 해요. 장소가 거리상으로 너무 멀기 때문에 그런 부담감이 가장 컸었고, 두 번째는 내키지 않았어요, 내가 사건을 처리해야겠다는 게. 김 교수를 알지 못하는 상황이었고 변호사 생활하면서 교수들 사건을 많이 다뤘었는데, 그 과정들 속에서 보면, 저기…… 그 뭡니까? 편집증이 있는 교수들이 있어요. 자기 인생에서 한 번도 누구로부터 내쳐졌다던가, 따돌림 받던가 한 적이 없어서 '저것들이 감히 나를 잘라?'라는 생각에, 사학 재단의 칼날보다는 자기 개인적인 명예 회복에 집착해서 객관적 실체들을 잘 파악하지 못하는 사람들을 보거든요. '저분도 그들 가운데 한 명이 아닌가.' 하고 추측해 봤죠. 그래서 내키지 않았던 것 같아요.

박훈 변호사가 이렇게 거절하자, 김명호 교수는 당시 열린우리당 임종인 의원의 소개로 이기욱 변호사를 선임했고, 훗날 BBK 사건(김경준), 미네르바 사건(박대성), 박연차 게이트 등 세간의 관심이 집중되는 이슈에는 다 나타나는 박찬종 변호사가 "김명호 교수는 판사를 향해 석궁을 쐈는데 이를 대형 로펌이 맡겠냐."면서 무료 변론을 자청했다.

피고인의 유죄 입증은 검찰 책임

검사는 '피고인의 유죄를 주장하고 이를 증명하기 위해 필요한 증거를 제출하는 국가기관'이라고 정의된다. 이를 통해 알 수 있듯이 검사는 피고인의 범죄 사실에 대한 입증책임을 진다. 이 말의 의미는 무엇일까.

2008년 10월 17일 박시환 대법관을 상습 협박한 혐의로 이 모 씨가 구속된 사건이 있었다. 이 모 씨는 재판 결과에 불만을 품고 대법관을 살해하겠다며 여러 차례 위협한 모양이다. 이 사건은 사법 피해자들에게 뜨겁게 회자되었고, 이들은 그가 법정에서 진술한 내용들을 인터넷에 퍼날랐다. 당시 김명호 교수를 비판했던 사람들이 이 모 씨에게는 열렬하게 환영을 보냈는데, 대체 그 둘의 차이가 무엇이었을까.

사람들은 석궁을 들고 가서는 "쏠 마음이 없었다."며 공소사실(범행 내용)을 부인하는 김명호 교수가 비겁하다고 수군거렸다. 하지만

이 모 씨는 공소사실에서 박시환 대법관을 협박한 사실을 인정했다. 그리고 모두 진술에서 사법부를 향해 비판하는 목소리를 쏟아 냈다. 몇몇은 그가 서울대 출신이라며 뭔가 특별한 사람으로 생각하는 듯했다.

또 이 모 씨는 재판부에 박시환 대법관을 증인으로 불러 달라고 요청했다. 증인으로만 불러 주면 바로 대법관의 범죄 사실들을 증명해 내겠다고 자신해 보였다. 이런 자신감도 사람들의 이목을 끌었다. 그리고 그는 방청석 자리를 빼곡하게 채운 사법 피해자들을 향해 격려하는 말도 잊지 않았다. 하지만 사법 피해자 임정자 씨(1943년생)는 18년의 풍부한 형사소송 경험을 바탕으로 베테랑급 '피고인' 답게 이렇게 말했다.

이 모 씨는 첫날 공소사실을 인정하고 나서 판사들을 증인으로 불러 달라고 했다고 하더군요. 정말 박시환을 증인으로 불러내고 싶었다면, 아무리 사실이라고 해도 공소사실을 전면 부인했어야죠. 그러면 검찰이 유죄를 입증하기 위해 박시환을 증인으로 불러낼 수밖에 없어요. 김 교수는 지금까지도 자신의 결백을 주장하잖아요. 그러니까 싸움이 되는 겁니다.

이런 발언을 따서 블로그 기사를 올렸더니, "이 모 씨도 법을 잘 알거든요."라는 항의가 쏟아졌다. 그가 법을 모르지 않는다는 건 5차 공판(12월 22일)에서 잘 드러났다. 법정에 선 이 모 씨는 박시환 대법관에게 보내는, 용서와 화해를 구하는 편지를 낭독하겠다고 말했다. 그리고 사법 피해자들과 자신의 사건을 연결시키지 말아 달라고 거듭 강조함으로써, 방청석에 앉아 있던 사법 피해자들을 어리둥절하게 만들었다. 이 모 씨가 보여 주었듯이, 형사사건에서는 피해자와의 합의가 가장 중요하다. 그는 법을 잘 알고 이용했지만, 법원과 싸우기를 바랐던 그의 지지자들은 긴 침묵에 빠져들었다.

박홍우, 검찰 증인으로 나오다

김명호 교수가 공소사실을 부인하자 검찰은 이 사건의 피해자인 박홍우 판사를 증인으로 신청한다. 7차 공판에 검찰 증인으로 나온 박홍우 판사의 태도는 피고인과 너무나 상반됐다. 먼저 백재명 검사가 '피고인에게 피해를 당하게 된 경위'를 물었다. 증인인 박홍우 판사의 진술은 "그날 제가 오후 6시 30분경에 집 앞에 도착했습니다."로 시작되었지만, 이내 "목소리 좀 크게 해!" "안 들려!"라는 방청객 목소리에 묻혔다.

그러자 판사가 소리친 방청객에게 법정에서 나갈 것을 명령했다. 남자 두 사람이 나간 것 같다. 한 사람은 나가면서 큰 소리로 "이런 재판 듣고 싶지도 않아."라고 했고, 다른 이는 "저런 사람이 무슨 부장판사야."라고 야유하면서 나가 버렸다. 다시 법정이 조용해지자 박 판사는 말을 이어 나갔다. 역시 소리는 작았다. 일단 피고인을 만난 시점부터 시작해 화살을 몸에서 뺀 순간까지를 설명했다.

그날 제가 오후 6시 30분경에 집에 도착해서 엘리베이터의 버튼을 누르고 기다리고 있었습니다. 제 오른쪽 뒤쪽으로 2층으로 올라가는 계단이 있는데 계단 중간쯤에서인가 저의 이름을 부르는 소리가 들렸습니다. 그런데 그 목소리가 피고인 목소리로 들려서 직감적으로 '이 사람이 나한테 뭔가 항의하러 왔구나.' 이런 생각을 했습니다. 그 당시에 피고인은 자기 허리 쪽에 활같이 생긴 무언가를 들고 있었습니다. 6시 30분경은 그 당시로서는 어두울 때였습니다. 그다음에 피고인이 저한테 한마디 했는데요, "그게 판결이냐?"라는 말을 했을 거예요. 그래서 제가 판결에 불복이 있으면 상고를 하면 되지 않겠냐는 취지의 말을 했고. 그다음에 피고인이 또 한마디를 했는데 그 부분에 대해서는 처음에는 제가 정확하게 기억을 못했습니다만 나중에 공소장에 보니까 판결이유가 뭐냐고 물었다 그럽디다. 그런데 그렇게 물은 데 대해서 제가 답변을 안 한 것 같고, 다만 제 기억 속에 '저 사람 참 이상한 질문을 나한테 한다. 판결이유라는 것은 판결문만 보면 되는 것인데 왜 여기 와서 판결이유를 말하라고 하나.'라고 생각만 하고, 그것에 대해서는 대꾸를 못했습니다. 그다음 과정은 제가 전혀 기억이 없습니다. 우리 아파트는 처음에 현관으로 들어가면 현관에서 계단을 6개 정도 올라갔을 때 엘리베이터 앞 현관이랄까요, 그 면이 있는데 그 엘리베이터를 기준으로 해서 오른쪽이 2호 라인이고 왼쪽이 1호 라인입니다. 그런데 엘리베이터 버튼은 1호 라인 쪽에 있습니다. 제가 1호 라인 쪽의 버튼을 누르고, 가방을 항상 갖고 다니는데 가방은 왼손에 들고 있었고, 그런데 어느 순간에 제가 101호 라인 쪽으로 몸이 밀려와 있었고 그 순간에 피고인이 제 앞에 있는 것을 제가 발견했습니다. 어느 시점에 어떻게 피고인이 계단 위에서 엘리베이터 앞쪽, 현관 쪽으로 내려왔는지 전혀 기억을 못합니다. 그리고 피고인이 제 앞에 서있었고 그런 상태에서 제가 화살에 맞은 것을 순간적으로 발견하고 제가 화살을 빼냈습니다.

_2007년 8월 28일, 7회 공판조서 내용을 재구성

법정 진술 속도는 그야말로 '아다지오'(매우 느리게)였는데, 중요한 것은 이렇게 길고 오래 말할 동안 그 누구도 말을 막거나 방해하지 않았다는 것이다. 하지만 변호인(이기욱·박찬종)이나 피고인(김명호)

이 박홍우 증인에게 뭐 좀 물어보려면 김용호 재판장은 "피고인, 다시 한 번 이야기합니다. 증인에게 의견이나 생각을 물으시면 안 됩니다", "증인은 자기가 경험하고 보고 듣고 그런 것들을 이야기하는 것이지 지금의 생각을 묻는 건 안 됩니다", "피고인, 그만하시라고 했습니다."라며 말을 막았다. 계속해서 박홍우 판사의 설명은 길게 또 이어졌다.

제가 화살에 맞아서 화살을 뺐고 병원에 갔을 때에 의사도 배에 있는 상처의 방향이 위에서부터 아래로 비스듬하게 되어 있다고 이야기했고, …… 그게 1월 15일인데 1월 16일에 경찰에서 병원에 다시 왔습니다. 그 당시에 경찰관이 와서 하시는 말씀이 피고인은 제가 석궁을 잡았기 때문에 그렇게 자기 의도와 관계없이 발사가 된 것이다 그렇게 주장을 한다고 이야기를 합디다. 그때 들었어요. 그래서 제가 나는 석궁을 잡은 기억이 전혀 없다, 상처 방향도 위에서 밑으로 되어 있는데 무슨 소리냐, 위에서 발사한 것이 맞다. 그렇게 이야기를 했어요. 그게 1월 16일이고. 그다음에 1월 19일인가 될 것입니다. 그때 송파경찰서 홍성훈 경찰관이 왔습니다. 그분이 온 이유는 검찰에서 피고인이 재판 도중에 혹시 어떤 불만을 강하게 표시했다든지 그런 것을 좀 확인해 달라고 하면서 왔습디다. …… 그런데 그때 홍성훈 경찰관이 저한테 그런 이야기를 했습니다. 피고인은 자꾸 석궁을 제가 잡고 서로 밀고 당기고 하는 과정에서 발사가 되었다고 이야기를 하는데 "석궁이 발사되는 장면을 직접 보셨습니까?" 이렇게 묻습디다. 그래서 제가 "내가 그것을 직접 목격한 것은 내가 기억을 못한다. 그런데 상처의 방향이 위에서 아래로 되어 있으니까 당연히 위에서 쏜 것이 맞지 않느냐. 더군다나 상처의 방향이 의심스러우면 병원에서 찍은 CT기록이 있으니까 그것을 확인해 보면 되지 않느냐." 그렇게 이야기를 했어요. 그러니까 홍성훈 경찰관 말이 의사 선생님한테 확인해 봤답니다. 확인해 보니까 화살을 어떤 방향에서 뽑느냐에 따라서 상처가 더 날 수도 있기 때문에 현재의 상처만으로는 화살의 방향을 정확하게 알 수 없다고 이야기했습니다. 그래서 제가 그렇다고 한다면 내가 피고인이 위에서 쐈다고 단정적으로 이야기할 수가 없다. 물론 제가 진술을 그렇게 바꾸게 되면 일부에서는 저를 비난할 수도 있겠지요. 그러나 저로서는 제가 정확하지 않은 진술을 함으로써 피고인이 부당하게 자기 행위에 대해서 처벌받아야 될 것 이상으로 처벌받는다는 것은 판사로서 받아들일 수 없기 때문에 그렇게 이야기를 한 것입니다. 기억나는 대로 정확히 이야기한 거죠.

_2007년 8월 28일, 7회 공판조서 내용을 재구성

김용호 재판장은 이런 법정 증언을 잠자코 듣기만 했다. 검사의 신문도 비슷했다. 검사가 "피고인과 몸싸움을 한 사실이 있나요?"라고 질문했을 때 박홍우 판사는 '예, 아니오'로 할 수 있는 그런 간단한 질문에 대해, "답변을 제가 드리기 전에 피고인은 화살이 발사된 경위 전후로 해서 지금까지 수사기관이나 법정에서 어떻게 진술했는지 그것을 좀 저한테 말씀해 주실 수 있겠습니까?"라며 부탁을 했다. 그러자 피고인이 판사가 해야 할 말을 대신했다. "잠깐만요. 자꾸 벌어진 상황을 끼워 맞출 생각을 하지 마시고 있는 사실만 이야기하세요."라고 호통을 쳤다. 박홍우 증인의 '표현의 자유'에 제동을 건 단 한 사람은 바로 김명호 피고인이었다. 물론 이런 피고인을 막은 것은 재판장이었다. 계속 발언을 제지하자 김명호 피고인은 화가 나 자리를 박차고 법정 밖으로 나가 버렸다.

그리고 약 10분 정도 휴정이 이뤄졌는데, 그 덕에 나는 박홍우 증인 좌석 바로 뒤쪽으로 자리를 옮겨 속기를 할 수 있었다. 목소리가 잘 안 들렸기 때문이었다. 옆에는 마산에서 온 '사법 피해자'라고 자신을 소개하는 아주머니 한 분이 있었다. 손이 불편한 듯 자꾸 떨었는데, 움직이기 힘든 손가락으로 비어 있는 재판석과 검사석을 가리키며 "저건…… 국가의 좀벌레들이야."라고 말했다.

피해자가 피고인에게 사건 경위를 묻다

신문이 재개되자 김명호 교수가 사건 현장에서 자신이 어떻게 했는지 재현해 보겠다고 했다. 그러자 박홍우 판사는 재판부를 향해 "피고인 주장 중에서 자기가 석궁을 들고 어떻게 했고, 제가 가방으로 석궁을 어떻게 막았는지, 그리고 저한테 어떻게 했을 때 활대의 어느 부분을 어떻게 잡았는지 그것을 설명해 주시면 제가 기억을 되살리는 데 도움이 되겠습니다. 정확하게 피고인에게 확인해서."라며 피고인에게 당시 상황을 재현해 줄 것을 부탁한다. 그렇게 해서 피해자와 피고인이 서로 대화하는 장면이 연출된다.

피고인(김명호)　제가 계단에서 다 내려가서 박홍우 씨한테 판결이 그게 뭐냐고 한 적은 없습니다. 항소기각 이유가 뭐냐고 하면서 가까이 다가가니까······.

증인(박홍우)　석궁을 이떻게 쥐고 있었어요?

피고인　이렇게 갖고 있었습니다.

증인　오늘 석궁이 이 자리에 있습니까? 그것을 직접 가지고 하면 좋을 것 같습니다. (재판장이 석궁을 가져오라고 지시) 피고인 어떻게 잡았는지 그대로 해보세요.

피고인 이렇게 잡았습니다.

증인 그렇게 해서 높이, 방향은?

피고인 모르겠어요. 대강 이런 식으로. 항소기각 이유가 뭐냐고.

증인 그러니까 가방으로 어떻게 막았습니까?

피고인 맨 처음에는 박홍우 씨가 저를 알아보지 못하고…….

증인 가방을 이렇게 들고 있었어요? 왼손에?

피고인 왼손인지 오른손인지 모르지만 처음에는 몰랐다가 가까이 다가가니까 뭔가 위험을 느꼈는지 가방으로 가리기 시작했어요. "이게 뭐하는 거야?" 하면서. 저는 이렇게 치우려고 했었죠. 그러니까 역시 당연히 이것을 막고 계속 몇 번을 하다가 저쪽 손인지 이쪽 손인지는 모르지만 여기인지 여기를 잡았어요.

증인 정확히 어디예요?

피고인 그건 모르죠. 제가 그것까지는 기억하지 못하고, 여기인지, 여기인지는 모르고 잡았습니다. 그래서 그다음부터…….

증인 높이는?

피고인 그거야 뭐 높이에서 이렇게 왔다 갔다 했겠지요. 밀고 당기고 하면서 그거야 한 자세가 아니니까. 밀고 당기고 잡아당기고 그런 것을 계속한 거죠.

변호인(이기욱) 그러다가 언제쯤 발사됐나요?

피고인 그러다가 발사가 됐고 그러고도 계속 밀고 당기고 하다가……. (밀고 당기는 흉내를 냄)

증인 계속 잡고 있었나요?

피고인 글쎄요. 이것을 같이 양손으로 잡았을 수도 있어요. 그것까지는 정확하게 기억이 안 납니다. 계속 끝까지 잡고 있었어요. 운전사랑 수위 아저씨가 올 때까지.

_2007년 8월 28일, 7회 공판조서 내용을 재구성

관련자 진술들

그 밖에도 검찰은 피고인의 범행을 입증하기 위해 아파트 경비원인 김덕환, 피해자의 운전기사 문경석, 112 신고를 받고 출동한 송철호를 증인으로 불렀다. 아파트 경비였던 김덕환 씨는 법정에서 다음과 같이 진술했다.

제가 아파트 지하 창고에서 저녁 식사를 한 후 1층 경비실로 올라오는 순간에 사람들이 말하는 소리와 우당탕하는 소리를 들었어요. 현관 1층 입구에 두 분이 머리를 맞대고 일어나려고 하는 것인지 싸우는 것인지는 모르겠고, 우편함 쪽에 박 판사님이, 올라온 계단 쪽에는 김명호 교

수가 있었는데, 제가 싸우는 줄 알고 "이러지 마시라."고 했더니 판사님이 "도망가지 못하게 꽉 잡으라."고 했어요. 서로 붙잡고 있었거든요. 제가 떼어 놓으려고 할 때 김명호 교수는 박홍우 판사한테 욕지거리를 하면서 손을 안 놓으려고 했습니다. 제가 김 교수의 혁대를 잡고 난 후 운전기사가 와서 김명호 교수를 뒤에서 끌어안고서야 두 사람을 떼어 놨습니다.

_2007년 3월 21일, 2회 공판조서 내용을 재구성

박홍우 판사의 운전기사였던 문경석 씨는 법정에 나와 다음과 같이 진술했다.

제가 주차를 하려고 아파트 입구 정면을 보면서 차를 후진하는 상황이었습니다. 제 시야에 부장님이 보이면서 저를 부르는 소리가 들렸습니다. 차를 세우고 달려가면서 봤는데 두 분이 엉켜 있으면서 몇 개 안 되는 계단을 우당탕탕 내려오고 현관 앞에서 넘어졌어요. 서로 멱살인지 멱살 부위를 맞잡고 있어 제가 한쪽 팔을 뒤로 꺾고 김명호 교수를 인도 위에 주저앉혔습니다.

_2007년 3월 21일, 2회 공판조서 내용을 재구성

112 신고를 받고 맨 처음 출동한 송철호 송파경찰서 잠실 지구대 소속 경찰관은 다음과 같이 진술했다.

112 신고를 받고 현장에 가니 그때 당시 현장에서 피해자의 운전기사와 경비원이 붙들고 있더라고요. 그때 아파트 턱이 있는데 거기에 앉아 있었던 것 같고, 우측으로는 운전기사가 끼고 있었고, 경비원은 그 옆에, 왼쪽에 서있었습니다. 운전자 그 사람이 "석궁으로 판사님을 쐈다."고 이야기를 했었어요. 그때 피의자한테 제가 물었죠. "왜 쏘았습니까?" 하고 물었는데 그때 자기가 교수 확인 재판을 하게 됐는데 판사가 거짓 판결을 해서 국민의 이름으로 처단하려 했다, 그런데 그러지 못했다 이런 투로 이야기를 했었습니다. 화살을 왜 쏘았냐 묻는데 부정하지 않았습니다. 그리고 일단 수갑을 채웠지요. 그때 피해자에게 "피해 진술해 주시겠습니까?" 하고 물었는데, 그때 119 구급 대원 두 명이 와서 일단 병원으로 후송하자고 하더라고요. 그래서 진술을 듣지 못했습니다. 저는 (향나무 아래 있던) 석궁과 화살촉 3개를 수거해서 김 교수님과 함께 같이 차로 가서 석궁과 화살은 차 앞에(앞좌석에) 싣고, 뒷좌석에 이분(피고인)을 태웠습니다.

_2007년 8월 14일, 5차 공판조서 내용을 재구성

송철호 경찰관이 진술을 마치자, 백재명 검사는 송철호 경찰관이 당시 향나무 밑에 가지런히 놓인 범행에 쓰였던 석궁과 화살 3개를 압수했으며, 이것이야말로 피고인 김명호가 석궁으로 범행을 저질렀다는 증거라고 말했다. 또한 석궁이 범행에 사용됐다는 증거로, 석궁 위력 실험 결과를 제시했다.

그런데 실험을 주관했던 김홍석 형사는, 불완전 장전인 경우에 1.5미터 거리에서 내복, 조끼, 와이셔츠를 입힌 돼지고기에 화살을 발사해 보니, 6.5센티미터 정도 상처가 났다고 말했다. 덧붙여 당시 피해자의 증언과 상해 정도에 맞춰서 실험을 계속해 보았는데, 경찰 실험으로는 피해자의 상처(좌측 복벽 좌상 길이 2센티미터, 깊이 1.5센티미터)와 일치하지 않았다고 했다.

또 검찰은 석궁 전문가 고영환 '등'의 법정 진술을 석궁 범행 증거로 삼았다. 고영환은 다음과 같이 명확하게 진술했다.

(두 분이) 만약에 옥신각신하셨다면 화살을 잡고 흘러 나왔을 경우, 그 다음에 활대나 이것을 잡고 옥신각신하다가 이 화살이 흘러나왔을 경우 타깃에 맞았을 때 파워가 굉장히 약해집니다. 오작동되는 경우는, 외부 충격에 의해서 이것이 튈 경우가 있는데 자동으로 발사돼 버립니다. 외부 충격에 의해서 발사되는 경우가 있고, 사용하다 보면 안의 부품들이

마모되어 발사되는 경우가 있습니다. 서로 밀고 당기다 보면 그럴 수도 있습니다. 화살이 부러지는 경우는 앞 가늠쇠에 맞아서 부러지는 경우가 있습니다. 시위가 한쪽으로 쏠려서 장전이 됐을 때 나가면서 부딪치면서 부러질 가능성이 있습니다. 화살촉은 벽 같은 데 맞아서 뭉툭해질 수는 있습니다. 콘크리트 벽 같은 데나 단단한 벽에 맞으면, (화살촉이) 열처리가 안 되어 있기 때문에 뭉그러집니다.

_2007년 4월 2일, 3차 공판조서 내용을 재구성

하지만 법정 증언이 끝나자 백재명 검사는 이 '참고인 진술'이 여러 가지 원인이 복합적으로 작용하면 피해자의 상처가 생각보다 작게 발생할 수도 있다는 사실을 입증한다고 주장했다. 또 다른 석궁 전문가 김○○ 씨(한국사격석궁연합회 회장)는 이렇게 말했다.

언론에 의하면, 박홍우 주장이 피고인이 1.5미터 거리에서 쏘았고 0.5센티미터의 상처가 났다고 했는데, 1.5미터에서 쐈을 경우에 0.5센티미터 상처가 날 수 있는가 물으시는데, 어떤 부위에든 접촉이 되면 상처가 날 가능성도 있는데 정 가운데에 맞았느냐 아니면 비켜 맞았느냐에 따라 달라질 것입니다. 0.5센티미터라고 하면 미약한 수치인데 박혀서 뺐다는 게 아이러니합니다. 개인적인 생각으로는 0.5센티미터의 상처가 났다면 비켜 맞은 것이 아니겠느냐 그렇게밖에 생각이 안 됩니다. 화살이 뽑혔을 때는 그렇게 상처가 날 수 없을 것입니다.

_2007년 4월 16일, 4차 공판조서 내용을 재구성

결국 고의성을 증명할 만한 것은 아무것도 제시된 것이 없었다. 김 교수 측은 검찰 측이 유죄를 입증한다면서 증거를 낼 때마다 재판장에게 "검사가 입증한 것은 없지 않습니까?"라고 항의했다. 하지만 그럴 때마다 김용호 판사는 "법에 따라 판단은 제가 하는 거고요", "검찰에서 제대로 못하면 제가 무죄판결할 겁니다. 그것은 염려하지 마세요."라고 답했다. 그러나 판결은 결국 다음과 같이 내려졌다.

위 각 공소사실은 증인 박홍우·김덕환·문경석·주종원·고영환·이안수·송철호·김인섭·김홍석·전금식·박규주의 각 법정 진술, 박홍우·김덕환·문경석의 이 법정 및 검찰, 경찰에서의 각 일부 진술이 다소 일관되지 않거나 상호 일치하지 않는 부분이 있습니다. 그러나 핵심적인 부분은 일관되고 서로 일치하며 인간의 기억은 시간이 지남에 따라 희미해져도 선택적으로는 기억하는 경향이 있는 점 들을 고려하면 위 각 진술에 믿지 못할 만큼 흠이 있다고 보이지는 않습니다.

_2007년 10월 15일, 10회 공판조서 내용을 재구성

혈흔 없는 와이셔츠?

실체적 진실에 다가갈 수 있는 가장 빠른 방법은, 사건이 일어난 아파트 현관 'CCTV 필름'이다. 하지만 처음에 검찰은 아파트 현관 CCTV는 존재하지 않는다고 했기에, 그 밖의 증거들을 보고 석궁 발사가 고의적이냐, 우발적이냐를 다툴 수밖에 없었다. 박홍우 판사가 증인으로 나왔을 때도, 법정에는 증거물들이 제출되어 있었다. 이기욱 변호인이 증인에게 옷가지를 보여 줬다. 그런데 문제가 발생했나. 당시 입었던 와이셔츠를 보여 주면서 "여기에 보면 증인이 입었던 와이셔츠에 피 묻은 흔적이 있는데 증인은 왼쪽 배에 맞았다고 하셨잖아요. 그런데 이것은 왜 오른쪽에 피가 묻어 있을까요?"라고 묻자 박홍우 판사는 낮은 목소리로 "그것은 제가 모르겠습니다."라고 대답한다.

이처럼 화살에 맞은 와이셔츠 구멍에 핏자국은 없었다. 와이셔츠에는 오른쪽 팔꿈치 부분에만 혈흔이 있었는데 박 판사의 어머니는 방송에서 자신이 와이셔츠를 빨았기 때문에 와이셔츠 구멍에 혈흔이 없는 것이라고 밝혔다. 그렇다면 나머지 옷가지에 있는 혈흔은 과연 박 판사의 것이 맞을까?

서울 송파경찰서에서는 사건 이튿날, 국과수에 피해자 박홍우의 옷가지와 석궁 화살 3점에 대한 유전자 분석을 의뢰했다. 감정 결과, 피해자 박홍우가 입었다는 검정색 조끼, 흰색 속옷 상의, 연하늘색 내의 상의, 흰색 와이셔츠에서 발견되는 혈흔들은 모두 '동일한 남성의 유전자'라고 나왔다. 이런 부분에 대해 김용호 판사는 다음과 같은 판결을 내렸다.

피고인은 양복, 조끼, 내복 상의, 속옷 상의에는 혈흔이 있는데 와이셔츠에는 혈흔이 없다는 점에 근거해서 증거가 조작되었다는 취지의 주장을 합니다. 살펴보면 화살이 양복 상의, 조끼, 와이셔츠, 내복 상의, 속옷 상의를 관통하였습니다. 내복 상의와 속옷 상의에는 화살이 관통한 구멍을 중심으로 그 주변에 혈흔이 있고, 와이셔츠에는 관통된 구멍이 아닌 오른팔 뒤쪽 부분에 혈흔이 있습니다. 조끼의 관통된 구멍에는 혈흔이 없습니다. 다만 조금 떨어진 부분에 혈흔이 있습니다. 달리 위 각 증거들이 조작되었다고 볼 아무런 자료가 없는 이상 그 혈흔 부분이 정확하게 구멍 주변에 혈흔이 있지 않다는 사실만 가지고는 위 각 증거들이 조작되었다고 볼 수 없다고 판단합니다. 이와 같은 증거들을 모두 종합하면 피고인이 피해자 박홍우에게 상처를 입힌 점은 모두 인정할 수 있다고 판단합니다.

_2007년 10월 15일, 10회 공판조서 내용을 재구성

부러진 화살과 석궁

와이셔츠에 혈흔이 없다고 해도, 아직 화살과 석궁이 남아 있다. 사건 당시 김덕환 경비는 "두 사람을 떼어 놨습니다. 떼어 놓고 박 판사님에게 가니까 왼쪽 옆구리에서 화살을 뽑은 것인지 쥐고 있는 것인지는 잘 모르겠으나 저에게 갖고 있으라고 해서 줬습니다. 화살촉이 뭉툭했습니다. 화단 옆에다가 석궁과 화살을 모아서 같이 놨습니다. 그리고 판사님이 주신 부러진 화살도 거기다가 갖다 놨습니다. 그리고 112 신고로 차가 와서 경찰이 수거해 갔습니다."라고 말했는데, 여기에 등장하는 '부러진 화살'이 상해를 입증할 핵심적 증거가 될 것이다.

박홍우 판사도 7차 공판에 나왔을 때 부러진 화살에 대해 증언했고, 경비에게 건넨 사실을 시인했다. 부러진 화살에 대해서는 박홍우 판사와 김덕환 경비의 진술은 대체로 비슷하다. 부러진 화살에 혈흔이 있다면 유전자 감식을 해서 그게 박홍우 본인의 것임을 밝히면 박홍우 판사의 상처는 정말로 석궁에 의한 것이 된다.

그런데 복병이 나타났다. 박홍우 판사가 증인으로 나왔을 때, 법정에는 증거물들이 제출되어 있었다. 이기욱 변호사가 증인에게 "여기에서 부러진 화살을 찾아보시겠습니까?"라고 물었다. 하지만 "여기에는 없네요. 왜 없는지 그것은 모르겠습니다."라는 곤혹스러운 답변이 나왔다. 문제의 부러진 화살이 사라져 버린 것이다. 당연히 그럴 수밖에 없었다. 왜냐하면 경찰 관계자는 현장에서 수거된 부러진 화살이 없어져 다른 걸로 대체해 보냈기 때문인데, 경찰이 어처구니없는 실수를 했거나, 대담한 '일'을 벌인 것이다.

물론, 부러진 화살이 없다고 해도 아직 석궁이 남아 있었다. 박홍우 판사는 결코 석궁을 잡은 적이 없다고 했다. 반면, 김 교수는 석궁을 잡고 실랑이를 벌이다가 화살이 우발적으로 발사됐다고 했다. 석궁에 대한 지문 감식을 해보면 누구 말이 맞는지 그 여부를 가릴 수 있었다. 하지만, 석궁에 대한 지문 감식은 무의미했다. 왜 그랬을까? 훗날, 5차 공판에서 김 교수는 증인으로 나온 송철호 경찰관에게 처음 수거해 간 증거물(석궁, 화살)들에 대해 지문을 채취했는지 물었다. 김 교수에게 경찰은 "경찰관이 현장에서 하는 일은 텔레비전 드라마에 나오는 내용과 많이 차이가 난다."라고 말하며 지문 채취 같은 것은 하지 않았다고 답했다.

게다가, 김홍석 강력4팀 형사의 증언에 따르면, 어떤 식으로 석궁을 발사하면 박홍우 판사의 상해 정도(좌측 복벽 좌상 길이 2센티미터, 깊이 1.5센티미터)가 나오는지를 알기 위한 실험을, 현장에서 수거해 간 석궁으로 진행했고, 화살은 김명호 교수가 애초에 가방에 넣어 두었던 것을 이용했다고 한다. 실험은 송파경찰서와 가까운 롯데월드 지하 권총 사격장에서 진행되었는데, 몇 번을 쏘다 보니 석궁이 장전되지 않았다고 한다. 그래서 전문가 고영환 씨를 찾아 일산 석궁 제작소까지 갔다고 한다. 고영환 씨는 고쳐 달라고 내민 석궁을 자꾸 경찰들이 서로 번갈아 가며 만지는 걸 보며, "이거 지문 다 뜬 건가요?"라고 물었다고 한다. 이미 증거를 확보했다는 말에 고영환 씨는 안심하고 석궁에 있는 핀을 바로잡아 줬다고 했다. 결국 법정에 제출된 석궁은 수리가 된 것으로, 김 교수가 사용했던 석궁 그대로라고 볼 수 없는 상황까지 벌어진 것이다.

검찰은 이미 달라진 석궁과 엉뚱한 대타로 끼워 넣은 화살에 대해 아무 문제도 삼지 않았다. 그럼 재판부는 뭐라고 했을까? 당시 김용호 판사는 김 교수 측이 이를 문제 삼을 때마다 "이 사건의 공소사실에 대한 증거가 될 수 있는지 없는지 여부는 이 사건을 판결할 때 판단하도록 하겠습니다."라고 답했다. 그러나 이 부분에 대한 판결 역시 달라진 게 없다.

피고인은 압수된 석궁은 이 사건 범행 후 수리되었고 압수된 화살 9개 중 이 사건 범행에 실제 사용된 화살은 없으므로 이를 증거로 사용하여서는 안 된다는 주장을 합니다. 증인 고영환·김홍석·박홍우·김덕환의 각 진술과 국립과학수사연구소 감정 의뢰 회보에 의하면 경찰이 압수된 석궁의 위력을 시험하던 중 방아틀뭉치의 핀이 하나 빠져 고영환이 이를 수리한 사실, 범행 현장에서 피고인으로부터 압수한 화살 3개에는 모두 혈흔 반응이 없고 위 증인들의 증언과는 달리 부러지거나 끝이 뭉툭하지 않은 사실이 인정되지만, 피고인이 수리하기 전 압수된 석궁을 이 사건 범행에 사용하였고 압수된 화살 9개는 피고인이 이 사건 범행 당시 직접 소지하고 있었거나 범행 장소에 가지고 간 석궁 가방에 들어 있었던 이상, 모두 이 사건 범죄 사실을 입증하기 위한 적법한 증거라고 할 것이므로 피고인의 위 주장 역시 이유 없다고 판단합니다.

_2007년 10월 15일, 10회 공판조서 내용을 재구성

제3자 고발에 의해 기소된 고위 법관 명예훼손

이제 석궁 사건에 함께 병합되었던 제3자 고발에 의한 명예훼손 사건(2007고단373정보통신망이용촉진및정보보호등에관한법률위반)을 살펴보자. 우선 대법원 경비 대장인 전금식 씨는 김 교수를 왜 고발했는가? 그는 다음과 같이 진술했다.

2006년 3월경 제가 법원 경비 담당 책임자로서 고발하게 된 것은 대법

원 재판 사무국에서 여러 가지 검토해서 고발장을 작성을 했는데 제 이름으로 하자고 해서……. 사주가 아니고요. 직책이 그렇다 보니까 그런 것이지 사주는 아닙니다. 물론 저는 김명호 씨를 고발할 때나 그전에 이 사건과 관련하여 양승태 대법관이나 이광범·이상훈·이혁우·송영천 판사를 만난 사실이 없습니다. 지금 저에게 고발 취하할 생각이 있는지 묻고 계신데, 이 건은 명의만 제가 한 것으로 되어 있는 거지만 고소는 전체적인 것이기 때문에 제 개인적으로 하는 것이, 여기에는 그렇게 되어 있지만, 어렵습니다. 혼자 결정하기가 어렵다는 것입니다. 그 내용이 허위인지는 재판 사무국에서 판단을 하는 것이지 저는 잘 모릅니다.

_2007년 8월 17일, 6차 공판조서를 재구성

그러나 김명호 교수는 피켓 내용과 인터넷에 쓴 내용은 허위가 아닌 모두 1백 퍼센트 사실이라고 했다. 그리고 "사실이지만 결코 명예훼손은 아니다."라고 했다. 왜냐하면 판사들은 공인이고 국민들은 공인의 행태를 알아야 한다. 즉 국민의 알 권리(〈형법〉 제310조, 위법성의 조각)보다 우선하는 것은 아무것도 없다는 것이다.

서울동부지방법원 1심(김용호 재판장)에서는 인터넷에 유포한 내용은 무죄를 선고하고 나머지 피켓 부분은 유죄를 인정하고 있다. 그래서 여기서는 유죄를 선고한 피켓 부분만 살펴보겠다. 피켓 및 인터넷에 올린 내용이 허위 사실이라는 점을 김형석 검사는 다음과 같이 입증했다.

> 지금 현재 제출한 증거 목록 사본(판결문) 3부는 이 사건의 발단이 된 피고인의 부교수 지위 확인의 소와 관련된 것으로서 '공소사실 제1의 나'항 허위 사실 적시 명예훼손 사실과 '공소사실 제2의 라'항 허위 사실 적시 명예훼손 사실을 입증하기 위해서 제출한 것입니다. …… 판결문 3부는 피고인이 부교수 지위 확인의 소의 당사자로서 이 사건에서 패소해서 이와 같은 일을 했다는 것, 그러니까 패소한 사실, 그것을 가장 우선적으로 입증하는 것이고, 거기에 관련된 판결한 판사들이 정당하게 직무 수행을 했다는 점, 부적절한 행위를 한 사실이 없음에도 불구하고 부적절하게 행위했다고 글을 게시한 것이라고 공소사실에 되어 있는데 그것이 아니라 관련된 판사들이 법관으로서 적절한 직무 행위를 했다는 점을 입증하기 위해 제출한 것입니다.
> _2007년 3월 21일, 2회 공판조서 내용을 재구성

"판결문 3개가 곧 유죄 증거"라는 주장에 김 교수는 구체적으로 어느 부분인지 말해 달라고 요구했다. 검찰이 두루뭉술하게 넘어가면, 재판장이 검사에게 '유죄 입증'을 위해 구체적으로 공격을 하라

고 요구할 수 있다. 하지만 김용호 판사는 이런 요구 대신에 "검찰이 유죄 입증을 못하면 피고인은 무죄니 걱정 말라", "내가 다 알아서 판단한다."며 그냥 관망하는 자세를 취했다. 그리고는 다음과 같이 판결을 내렸다.

증인 전금식의 이 법정에서의 진술, 검찰에서의 진술, 그리고……피고인의 일인 시위를 촬영한 사진 등을 종합하면, 피고인이 성균관대학교에 1995년 수학 입시 문제 오류를 지적한 데 대한 보복으로 조교수 재임용을 거부당하였다는 주장, 피고인은 이를 성대 입시 부정이라고 말하는 것 같습니다. 그와 같은 주장을 피해자들이 불법 부당하게 받아들이지 아니한 것이 아니고, 피해자 이상훈이 재판을 불법 부당하게 지연하여 직무를 유기하지 아니하였으며, 피해자 이광범이 피해자 이상훈의 직무유기를 은폐하거나 두둔하려 하지 않았음이 인정되므로 피고인의 주장은 받아들이지 않습니다. 따라서 위 각 공소사실은 모두 앞서 지적한 증거에 의하면 모두 인정된다고 판단합니다.

_2007년 10월 15일, 10회 공판조서 내용을 재구성

1심 판결 날, 서울동부지방법원 풍경

1심 선고 날이던 10월 15일은 청명하기 그지없는 완연한 가을 날씨였다. 노랗게 물든 은행나무가 서울동부지방법원 길목을 수놓고 있었다. 판결 선고 시각인 아침 10시, 동부지방법원 1호 법정은 기자들과 사람들로 가득 찼다. 김 교수는 박홍우 증인이 출석했던 7차 공판 이후로 8차, 9차 공판에는 출석하지 않았다. 이런 '불출석'을 바라보는 시각도 너무 상반됐다. 김 교수는 '재판이 짜고 치는 고스톱'과 같다며 불출석을 선택했지만, 김용호 판사는 이런 불출석을 '정당한 사유'라고 보지 않았던 것이다. 그래서 피고인도 변호인도 없이 8차, 9차에 증거 조사 및 증인 신문을 마치고, 변론을 종결했다.

김용호 재판장은 검찰의 공소사실 중 피켓에 기재한 내용은 인터넷 일인 시위 일지에 올린 글에 대한 판단과 달리 명예훼손으로 인정하고, 상해 사건에서는 고의성을 인정해 4년 징역형을 내렸다. 김용호 판사는 판결문 낭독을 마치며 끝으로 "피고인 및 검찰은 오늘부터 7일 이내에 항소할 수 있고, 항소법원은 저희 법원입니다."라고 말하고는 주저 없이 퇴정했다.

조용하던 법원이 들썩이기 시작했다. 기자들은 분주히 핸드폰으로 "4년이래."라며 어디론가 급히 재판 결과를 전하기에 바빴다. 이

여파가 조용히 지나가지 않을 것이라는 것은 동부지방법원 앞마당에서부터 확인할 수 있었다. 사람들은 북적였으나 표정은 하나같이 경직되어 있었다. 사법 피해자들이 몰려든 카메라를 향해서 검사 이름과 판사 이름을 들먹이며 절규하고 있었다.

구속 취소 신청, 보석 신청 기각

한국 법조계의 관행으로 보면 김 교수에 대한 판결은 이미 사건 직후, 구속된 때부터 예정된 것이나 다름없다. 〈형사소송법〉 제93조에는 "구속 사유가 없거나 소멸된 때에는 구속을 취소해야 한다."라고 되어 있다. 그런데 김 교수는 살인미수 혐의로 구속영장이 청구되어 수감됐으나, 단순 상해 혐의로 기소가 됐다. 이렇게 혐의가 달라졌다면 불구속 수사, 불구속 재판을 받게 했어야 했다. 재판에 나가 어떻게 대응할지 논의하고, 자료를 모으기 위해서는 불구속 상태에서 재판을 받는 것이 훨씬 유리하다. 하지만 재벌 관련 사건이나 유력 인사들에 대한 사건과는 달리 석궁 사건에서 이런 피고인의 방어권은 보장되지 않았다.

　석궁 사건 1심 판결 날, 동부지방법원 앞마당에서 소리를 지르는 아주머니들 중에는 낯익은 얼굴이 눈에 띄었다. 카메라를 향해 절규

하는 그 아주머니의 남편 정문조 씨도 불구속 수사 혜택을 받지 못했다. 2007년 6월 11일 여의도 국회 본회의장 방청석에서 "썩은 검찰을 개혁하자."라고 외치고 똥을 뿌렸기 때문이다. 석궁 사건이 일어나고 얼마 안 지나서였다.

물론 건조물 침입 및 (똥을 뿌렸다는 이유로) 국회의장 모욕죄로 구속됐다. 구속 사유가 '증거인멸 우려'가 있기 때문이라고 했다. 정문조 씨는 뿌린 똥은 국회 직원이 치웠다면서, 증거인멸은 자신이 하지 않았다며 억울함을 토로했다. 이분도 구속영장에는 김 교수처럼 '계획적'인 범행으로 나와 있다. 이런 주장에 대해 그 부부가 했던 말이 기억났다.

> 그날 국회에서 국민 저항권을 행사한다고 알리는 글을 가지고 가서 뿌렸어요. 그게 잘못됐다는 거죠. 알리는 게 계획적이라는 거예요. 그런데 계획해야 하잖아요. 검찰이 어디어디가 잘못됐고, 어디어디가 썩었고, 그런 걸 알리려면 사전에 준비를 해야 하잖아요.

김 교수는 구속 취소 신청이 번번이 기각되자, 보석을 신청했다. "〈형사소송법〉 제95조 1호"에는 '필요적 보석의 예외 사유'라고 해서 '피고인이 사형, 무기 또는 장기 10년이 넘는 징역이나 금고에 해당하는 죄를 범하거나, 누범, 상습범, 또는 죄증을 인멸하거나, 인멸할 염려가 있다고 믿을 만한 충분한 이유가 있거나, 또는 도망할 염려가 있을 때' 등 극히 제한적 이유에 한해서만 보석 청구를 기각하도록 돼있다. 하지만 보석 신청도 기각되었다. 이유가 무엇일까.

형사사건에서 가장 중요한 것은 피해자와의 '합의'다. 하지만 사건 초기 검찰 조사에서부터 김 교수는 "합의할 필요가 없다고 생각합니다. 제가 박홍우로부터 피해를 당한 피해자이고 박홍우가 가해자라고 생각합니다."라고 주장했다. 그 후로도 주변에서 "일단 나오는 게 우선이지 않느냐."라며 피해자 박홍우에게 찾아가 합의를 보라는 권유도 종종 받았다. 김 교수는 변호인 박찬종 씨도 마찬가지라고 했다. 김 교수는 이 모든 조언을 거절했다. 그리고 박홍우가 나왔던 7차 공판 이후로는 사법부 불신을 이유로 재판에 나오지도 않았다. 10월 1일 검사의 10년 구형 소식을 접하고는 이런 사법부의 노예로 사느니 차라리 죽는 게 낫다며 32일간의 긴 단식에 들어갔다.

형사소송규칙 132조, 132-2조를 말하다

김 교수가 32일간의 단식을 끝내고, 걸어 다닐 수 있을 무렵이던 2007년 11월 26일, 쌀쌀한 날씨 속에서 성동구치소를 찾았을 때가 기억난다. 이때는 이미 서울고 27회 동기인 조관행 씨(전 서울고등법원 부장판사)가 같은 성동구치소에 수감된 때였다. 김 교수는 지나가다가 서로 얼굴을 바라보았다고 했다. 당시 우리는 조관행 씨가 아닌 또 다른 '조' 씨에 대해서도 이야기했다. 민주당 조순형 의원이었다. 사건이 일어나기 전, 서울고등학교 선배가 되는지라, 두세 번 찾아갔었는데, 만나지는 못했다고 했다. 그 이야기를 듣는 순간, 나는 또 다른 '조' 씨인 국회 앞 일인 시위자 조미영 씨가 떠올랐다. 하긴, 만나기가 어디 그리 쉬운가……. "만약 내가 운이라도 좋아서 조순형 의원을 만나게 되면 무슨 말을 전해 줄까요?" 했더니 그는 이렇게 답했다.

만나게 되면, 그 사람이 정말 '쓴소리' 하는 사람이라면, 지금 재판에서 판사들 대다수가 법을 위반하고 있는 거에 대해 쓴소리를 해줘야 해요. 서민들에게는 정말 "형사소송규칙 132조, 132-2조" 이게 중요한 거야. 판사 놈들이 지키지를 않아.

그날 혹시나 해서 민주당 조순형 의원실과 접촉해 보았다. 당연히 만나기 어렵다고 했다. 김 교수가 정치인이 나서서라도 해결해 줬으면 했던 형사소송규칙 132조, 132-2조는 대체 무엇일까?

피고인의 유죄를 입증하는 책임은 바로 검찰에 있는데, 형사소송규칙 132조, 132-2조는 유죄를 입증하는 방식을 말한다. 예를 들어, 검찰은 피고인의 범행을 입증하기 위해서 실황 조사서, 경찰 및 검찰 진술 조서, 사진, 진단서, 수사 보고, 판결문 등의 증거들을 제출한다. 그리고 법정에서 피고인의 '범행 장소'를 입증하기 위해 '사건 현장 사진'을 제출하며, '피고인이 상해를 가한 사실'을 입증하기 위해 피해자의 진단서를 제출한다. 이와 같이 개별적으로 제출된 증거들을 바탕으로(132-2조) 공소사실이 어느 부분을 입증하고자 하는지 입증 취지를 명확하게 해야 한다는 점(132조)이 법에 명시돼 있다.

형사소송규칙 133조(증거신청의 순서)를 보면, "증거신청은 검사가 먼저 이를 한 후 다음에 피고인 또는 변호인이 이를 한다."라고 나와 있다. 말하자면, 검사가 피고인의 유죄를 입증하기 위해 증거를 신청한 뒤, 피고인 또는 변호인이 이에 맞서 반대 증거를 제시하는 방식인 것이다. 다시 말해, 검사가 유죄를 입증하는 취지에서 공격을 하면, 피고인(또는 변호인)은 그에 대해 방어만 하면 된다는 말이다. 여기서 검사의 적절한 공격에 피고인이 적절하게 방어를 하면 무죄를, 적절한 공격에 부적절한 방어를 하게 되면 유죄를 판결받게 되는 것이다.

그런데 만약 검사가 '부적절한 공격'을 해오면 어떻게 해야 할까?

대표적으로, 검사가 유죄 입증을 두루뭉술하게 하는 경우다. 이럴 경우 피고인은 재판장에게 "석명권"(형사소송규칙 141조)을 행사할 수 있다. 석명권이란 검사의 공격 가운데 불분명한 곳을 명확하게 하기 위해 신청하는데, 재판장이 검사나 피고인(변호인)에게도 신청할 수 있다. 일단 상대방이 무슨 생각을 가지고 있는지 알아야 법정에서 다툴 수 있기에, 석명권 행사 요청을 통해 핵심 쟁점이 법정에서 드러날 수 있게 만든 제도라 할 수 있다.

2007년 12월 21일 김 교수에게 면회 갔을 때 그는 "법전에 나와 있는 법대로"(즉 132조, 132-2조, 141조대로) 자신의 문제를 풀고 싶지, 판사 앞에서 선처를 구할 의사가 없음을 분명하게 밝혔다.

내가 있는 동안만 해도 강간 치사한 사람이 집행유예로 나갔어요. 강간 치사는 살인만 안 했을 뿐이지 살인하고 같은 거야. 그 사람 나갔어. 이게 말이 됩니까. 여기 온 사람들, 죄를 짓지 않았다 해도 한마디 말도 못해. 그걸 거부했을 때는 괘씸죄에 걸려서, 없는 죄도 지었다고 인정해야 적게 형 때려. "너 이런 이런 죄 있지?" 하고 검찰이 윽박지르면, 항변 못해. 제멋대로 구형을 때려 버리면. 우리나라 큰 문제가 검경의 협박, 윽박지름에 저지르지도 않은 죄를 인정해야 판사도 좋게 봐서 온정주의 판결을 내린다는 거, 그게 큰 문제예요. 지금 세간 사람들이 나에게 "왜 재판장에게 대드느냐?"고 하는데, 난 이런 사법부 행태들에 대해 논리적으로 따져 보고 싶어.

〈형사소송법〉을 지켜라

5장

항소심 첫 기일에서의 박훈 변호인

박훈 변호사를 처음 본 것은 2007년 11월 12일 오후 2시, 동부지방법원 3호 법정에서 열렸던 항소심(2007노1060) 첫 공판에서였다. 당시 김 교수는 단식으로 심신이 쇠약해져서 법정에 출석하지 못했다. 이회기 재판장이 변호인에게 다음 기일을 11월 26일 오후 2시로 잡는 게 어떤지 의향을 물었다. 그랬더니 박훈 변호인은 '소송기록 접수 통지서'를 아직 받지도 못했다고 말했다. 소송기록 접수 통지서 도착은 원심의 기록들이 항소심에 올라왔다는 것을 알려 주는 알림

장을 말한다. 소송기록 접수 통지서를 받고 20일 안에 항소이유서를 써내야 한다.

이회기 재판장은 약하게 "그렇죠. 약간의 착오가 있는 듯한데, 피고인 김명호가 재판을 빨리 받길 원한다고 재판 중에 그렇게 말했습니다."라는 필요 없는 말을 붙였다. 그러자 박훈 변호사는 "그건 1심에서 했던 말이고, 그게 지금 재판과 무슨 상관이 있습니까?"라며 버럭 화를 냈다.

재판장은 고개를 약간 숙여 "뭐, 지금, 소소한 절차적 문제가 있는데."라고 말을 돌리며 지금 법정에 나온 김에 '받으실' 것인지 살며시 물어봤다. "싫습니다."라는 박훈의 답변에는 신경질이 가득 차 있었다. 결국 재판장은 "그럼 다른 날짜로…… 기일을 그럼…… 12월 10일 오후 2시로 하겠습니다. 이상 마치겠습니다."라며 끝냈다. 박훈은 가방을 휙 낚아채듯 집어 들고는 서둘러 법정을 빠져나갔다.

박훈 변호인이 성동구치소에 첫 접견을 하러 갔을 때 김명호 교수가 맨 처음 건넨 말은 "'나보고 반성해라. 타협해라.'라고 하지 마라. 난 죽어도 그럴 생각이 없는 사람이다."였다. 그러자 박훈 변호인이 "저도 타협하라고 했으면 변호 안 합니다."라고 말을 받았다. 박훈 변호인은 그런 사람이었다.

그가 변호사를 시작했던 건 2001년 2월이었다는데, 법정에 평상

복을 입고 나타나 판사들의 심기를 불편하게 만들었다고 했다. "진짜예요? 뭐라고 안 해요?"라고 물으니, 이렇게 대답했다.

처음에는 뜨악하게 생각하는데, 한두 달 지나고 나니 서울고등법원 재판장이 "변호사 맞으세요?"라고 묻기에, 그렇다고 하니, "옷차림이 그러시다." 그러는 거야. 그래서 "제 옷차림에 신경 쓰지 마시고 재판이나 하세요." 그랬거든. 몇 차례 붙었어. 그 후로는 압력이 재판부로부터 오는 게 아니고 주변 사람을 통해서 오더라고. "조금 너무 하지 않냐?" 그래서 1년을 버티다가 양복 입고 다니게 됐어. 그리고 배지도 다 달고.

내친 김에 궁금했던 것을 물어봤다. 김명호 교수 변론을 안 한다고 하다가 왜 하게 되었는지. 박훈은 1심이 끝나 갈 때, 법원을 통해서 김 교수가 보냈던 선임 의뢰서를 받았다고 했다. 법원을 통해서 선임 의뢰서를 보내는 것은 법조문에 나와 있는 일이긴 하지만, 대부분이 사람을 통하거나 직접 전화를 걸어서 변호인을 구하지, 여태까지 한 번도 그런 걸 받아 본 적이 없었다고 했다. 그래서 한번 만나나 보자는 생각이 들었다는 것이다.

검찰과 김 교수 측의 항소 이유

변호인의 항소이유서를 읽어 보면 이유가 상당히 많다. 이 사건의 핵심적인 증인 박홍우 진술의 신빙성 문제, 현장에 있었다는 부러진 화살의 행방, 법정에 제출된 피해자 박홍우의 혈흔 없는 와이셔츠 문제, 수리된 석궁, 병합된 사건인 명예훼손 건에서 피해자들(이혁우·이광범·이상훈·양승태)에 대해 조사가 전혀 이루어지지 않은 채 전금식 씨 증언을 바탕으로 유죄판결을 내린 점, 필요적 변호 사건임에도 1심에서 변호인 없이 개정해 변론을 종결한 문제 등이 적시되어 있었다.

검찰 역시 항소했다. 검찰의 항소 이유는 무엇이었을까. 검찰은 2006년 5월 20일, 국회의원 박근혜가 유세 중에 한 청중에게 전치 4주 상해를 입은 사건을 인용했다. 박근혜를 상해한 피고인에게는 징역 10년이 선고된 데 반해 김명호에게 징역 4년이 선고된 것은, 형량이 너무 약하다는 것이다. 검찰은 원심에서 〈정보통신망 이용촉진 및 정보보호 등에 관한 법률〉상 명예훼손의 건에 무죄를 선고한 것도 받아들일 수 없다고 했다. 민주사회의 기본 전제가 되는 법치주의의 최고의 보루이자 근간인 사법부를 상대로 판결에 불만을 품고 계획적으로 저지른 범행이기에, 정치인 박근혜를 상대로 한 테러 사건에 비추어 죄질이 가볍지 않다는 점도 강조했다. 게다가 지금까지도 김명호 피고인은 범행을 반성하지 않고 있다고도 했다. 하지만 항소심 2차 변론 기일에서 시작된 '증인 채택 싸움'에서, 김 교수 측이 싸워야 할 상대는 검찰이 아니었다.

김 교수 측은 가장 먼저 박홍우 부장판사를 증인으로 거론했다. 1심에서 한 증언의 신빙성을 다시 확인하기 위해서였다. 이회기 재판장은 "증언의 신빙성은 재판부가 판단할 문제"이며 "1심에서 증언을 했기 때문에……."라며 말꼬리를 흐렸다. 박훈 변호인은 박홍우를 불러내어 실제 상처 부위와 옷가지 상처 부위를 맞춰 봐야 한다고 몰아쳤다. 그러자 이회기 재판장은 "그것을 굳이 그렇게 해야 됩니까?"라며 박홍우를 증인으로 불러내는 것은 추후에 결정하겠으니 일단 다른 사람부터 신청하라고 말을 돌렸다.

그러자 박훈 변호인은 이정렬 판사를 증인으로 거론했다. 왜냐하면 2007년 2월 2일, 박홍우가 동부지검 226호 형사4부장검사실에서 조사를 받을 때 이정렬 판사가 입회했기 때문이다. 하지만 이회기 재판장은 "이정렬은 필요가 없습니다. 기각하겠습니다."라며 분명히 선을 긋는다. 증인 신청 이유를 묻지도 않으면서 그저 "이정렬은 나와서 할 말이 없어요. 주심판사가 무슨 말을 하겠어요."라고 기각 이유를 늘어놓았다. 그러자 김 교수 측은 검찰 2회 조사에서 박홍우 판사가 자기 기억이 제대로 됐는지 확인하기 위해 이정렬 판사를 입회시켰다고 했으니, 사건 당일 내지는 후에 사건에 대해 대화가 오갔을 가능성을 언급했다. 이회기 재판장은 단호하게 "오고 갔을 수도 있고 안 오고 갔을 수도 있죠."라며 그게 이 사건을 해결하는 데 무슨 도움이 되겠냐며 기각시켰다. 덧붙여 상식에 맞게 주장을 하라는 충고도 곁들였다.

다시 박훈 변호인은 명예훼손 건의 피해자들인 고위 법관들(이혁우·이광범·이상훈·양승태)을 거론했다. 피고인 김명호에 대해 처벌 의사를 물어봐야 한다는 게 그 이유였다. 재판장이 기각하자, 그럼 의사 확인을 위한 사실 조회를 하겠다고 나섰다. 이회기 재판장은 이에 대한 채택 여부는 나중으로 미뤘다. 하지만 이 조회 신청은 3차 공판(2008년 1월 28일)에서 기각당했고, "처벌 의사가 있는지 없는지 물어보는 게 뭐가 잘못됐다고 기각시키냐?"라는 이의신청 또한 마찬가지로 기각했다.

고위 법관들에 대한 증인 신청에 이어서, 혈흔 감정 신청과 석궁 실험 신청이 이어졌다. 박홍우 옷가지에 묻어 있는 혈흔이 피해자의 것과 일치하는지 알아보자는 취지였다. 재판장은 이런 확인 없이도 재판이 가능하다고 밝혔다. 그러자 방청석에서 몇 사람이 할 말이 있다며 일어섰고 청원경찰들이 다가와 앉으라며 제지하는 진풍경이 펼쳐졌다. 방청석과 박훈 변호인의 항의는 이회기 재판장이 내놓은 한 가지 제안에서 결정적으로 터져 나왔다.

송파경찰서 의뢰로 2007년 1월 29일 국립과학수사연구소가 발표한 "유전자분석감정서"에는 박홍우 판사의 옷가지에 묻은 혈흔이 동일한 남성의 유전자로 나왔는데, 만약에 이게 피해자의 피로 밝혀지면 공소사실을 인정하겠냐고 물어본 것이다. 박훈 변호인은 버럭 화를 내며 이게 말이나 되는 소리냐고 따졌는데, 방청석에서는 이를 지켜보는 과정에서 몇몇이 자리를 박차고 나갔다.

피고인 김명호는 이회기 재판장을 부르면서 "재판하기 싫죠?"라고 비꼬듯 물었다. 재판장에게 두꺼운 법전을 흔들어 보이면서 "법정에 있는 법조문대로 하실 생각이 없는 거죠, 지금?"이라며 조소를 보냈다. 이회기 재판장은 감정이 얼굴에 그대로 나타나는 편이었는데, 혈흔 감정 신청에 대해서는 다음 기일에 결정하겠다며 종결해 버렸다.

그다음 기일(3차)에 어떤 결정을 내렸을까. "감정을 하기 위해서는 혈액을 확보해야 하는데 확보할 방법이 마땅히 없습니다. 기각하겠습니다." 이에 박훈 변호인은 이의신청을 했다. 하지만 이유를 듣지도 않고 이회기 재판장은 이의신청 또한 기각했다. 박훈 변호인은 혈액 확보 방법이 마땅치 않다는 재판장의 말에 "그거야 법원의 권한 아닙니까? 우리가 감정 신청을 하게 되면 법원에서 피해자에게 피를 달라고 하던가. 뭐, 못 주겠다고 하면 압수 수색영장을 발부해서 강제로라도 집행하면 되는 거 아닙니까?"라며 대들었다. "적절하지 않은 것 같아 기각합니다."라는 이회기 재판장의 말이 끝나기가 무섭게 방청석에서는 야유가 일었다.

 방청석에서 몹시 흥분한 아저씨 한 명이 일어나 재판부를 향해 "그게 돼지 피인지 사람 피인지도 모르잖습니까!"라고 하자 이회기 재판장은 "앉으십시오. 조용히 하십시오."라며 분위기를 가라앉히려고 노력했다. 이회기 재판장은 혈액 감정 신청에 이어 석궁 실험 신청도 기각했는데, 그렇다면 검찰은 이런 일련의 기각결정에 대해 어떤 입장을 내놓았을까. 피고인의 유죄 입증은 검찰의 책임이기 때문에 이 두 가지를 적극적으로 신청해야 하는 것은 어쩌면 검찰이어야 할 것이다. 우선 혈흔 감정 신청을 살펴보자.

 당시 박혜경 검사는 석궁을 고의로 쐈든 우발적으로 쐈든 박홍우의 상처가 "석궁으로 인한 것은 사실로 인정되기에" 이런 신청 자체가 무의미하다고 주장했다. "또 마네킹을 놓고, 옆으로 쐈는지 앞으로 쐈는지 다양하게 석궁 실험을 해봐야 한다."라는 박훈 변호인의 주장에, "정면으로 쐈는지 옆으로 쐈는지 실랑이를 하다가 우연히 발사가 됐는지 그 각도는 피고인도 모르는데, 검증을 해서 뭘 알아

내시겠다는 것입니까?"라고 반문했다. 피고인과 변호인은 이런 검사의 말에 책상을 치면서 석궁에 맞지 않았다는 것을 검증하려고 하는 것 아니냐고 소리쳐야 했다.

정리해 보자. 이회기 재판장은 박홍우에 대한 증인 신청은 보류했으며, 이정렬은 기각했다. 명예훼손 건 피해자들인 고위 법관들에 대해서는 증인 신청뿐만 아니라 처벌 의사를 묻는 편지 한 통 보내는 것도 기각했다. 혈흔 감정과 석궁 실험도 기각했다. 결국 증인으로 채택된 대상은, 홍성훈(송파경찰서 형사과 강력2팀 경사), 박규주(서울대병원 외과 의사), 안만영(잠실 지구대), 이동복(잠실 지구대) 씨인데 모두 판사가 아니었다.

검사와 경찰

박규주와 홍성훈을 증인으로 신청한 이유는 박홍우의 진술 변경 동기를 확인하기 위해서였다. 박홍우 판사는 이들로부터 전해 들은 말 때문에 자신이 진술을 바꾸게 됐다고 밝힌 바가 있다. 박훈 변호인은 이 부분을 물어봤다. 박규주 씨는 "저는 방향에 대해서는 언급한 적이 없습니다."라며 부인했다. 홍성훈 씨는 그런 말을 한 적 있냐는 박훈 변호인의 질문에 "제가요?"라고 확인하고는 "그런 이야기를 한

적 없습니다."라고 딱 잘라 말했다.

잠실 지구대 소속 안만영과 이동복을 증인으로 신청한 이유는 '부러진 화살'의 행방 때문이었다. 사건 당일 석궁과 화살을 압수한 압수 조서에 보면 "15일 18시 40분경 서울 송파구 잠실동……앞 노상에서 경위 안만영과 경사 이동복을 참여하게 하고"라고 나와 있다. 부러진 화살은 대체 어디로 갔는가. 1심 증인으로 나왔던 송철호 잠실 지구대 소속 경찰은 '부러진 화살'에 대한 기억이 없다고 했다. 그럼 현장에 함께 나갔던 잠실 지구대 이동복 경찰은 어떨까.

박훈은 부러진 화살의 행방을 추적하기 위해 압수 조서에 기재된 내용을 따져 들어갔는데, 이동복 형사는 사건 당일 압수 조서를 작성한 시점은 압수 조서에 적힌 18시 40분경과는 다르다고 털어놨다. 그리고 덧붙여 자신이 현장에서 석궁과 화살을 압수했지만, 부러진 화살은 못 봤다고 말했다.

그렇다면 이런 문제 제기에 박혜경 검사는 뭐라고 했을까? 우선 압수 조서 작성 시점이 다를 수밖에 없는 것에 대해, 검사는 범행 현장의 급박한 사정상 현장에서 압수 조서를 작성할 수 없는 건 당연한 것 아니냐며 이들을 두둔했다. 또한 이동복 형사가 화단에서 부러진 화살을 볼 수 없었던 까닭에 대해서도 이렇게 말했다.

박홍우 피해자를 석궁으로 쐈던 장소는 그 화단에서 떨어져 있는 아파트 안쪽 엘리베이터입니다. 그곳에서 피고인이 쏜 화살에 맞고, 피고인과 다투는 과정에서 화살이 부러졌을 것으로 추정되는데, 화살이 부러졌다면 엘리베이터 앞쪽에서 부러졌으면 부러졌지, 그 장소가 화단은 아니기 때문에 그래서 발견하지 못한 거 아닙니까?

이 질문에 이동복 증인은 아무런 대답도 하지 않았다. 이게 무슨 의미인가 어리둥절한 표정이었다. 그건 그 공판을 계속 방청해 왔던 사람들 대부분이 그랬을 것이다. 분명 경비 김덕환 씨가 부러진 화살을 포함해 화살 3점과 석궁을 수거해 화단에 있는 향나무 아래에 놨다고 했으니 말이다.

김명호 교수는 경찰 증인을 옹호하는 검사를 향해 "네. 지금 말장난으로 위법한 것들을 방어해 주는 검사의 변명 잘 들었습니다. 저는 말장난하지 않고 법대로 하겠습니다."라고 받아쳤다.

대체 부러진 화살은 어디로 간 것일까? 현장에 '부러진 화살'이 있었다는 것은 모두가 동의하고 있다. 그런데 부러진 화살은 없다. 박훈 변호인은 화살이 뭔가에 맞아 부러졌다는 사실과, 화살이 사람 몸에 들어가 부러지는 건 불가능하다는 양립할 수 없는 두 사실을 감추기 위해 누군가가 화살을 숨겼다고 주장했다. 그러면서 이동복 증인에게 석궁이나 화살이 현장에서 수거됐다는 걸 어떻게 입증할 거냐고 물었다.

이동복 경찰은 김명호 교수를 쳐다보면서 "김 교수님과 함께 순찰차를 타고, 화살과 석궁을 함께 가져오지 않았습니까?"라고 말했다. 자신을 향해 동의를 구하는 듯한 이동복 경찰의 시선을 외면하며, 김 교수는 손으로 책상을 내려쳤다. 그리고 말했다. "난 몰라!" 이동복 경찰의 얼굴은 그저 애처로울 뿐이었다. 압수 조서에 이름이 올라가 있는 안만영 씨는 뭐라 했을까? "압수 조서는 제가 작성한 게 아닌데요."라는 한마디에 방청석에 있던 사람들의 눈이 휘둥그레졌고 다시 술렁거리기 시작했다.

이회기 재판장, 직무유기로 구두 고발당하다

2차 공판이 시작되자마자, 김 교수는 〈형사소송법〉 제234조 2항, 즉 "공무원은 그 직무를 행함에 있어 범죄가 있다고 사료하는 때에는 고발하여야 한다."는 조항을 재판부에 상기시켰다. 그러면서 수사를 담당한 백재명 검사를 지목하며 "〈형법〉 제155조에 해당하는 증거인멸죄에 해당하는 것으로 재판장 이회기 님은 공무원의 의무로서 직무유기를 범하지 않으려면 반드시 이를 고발해야 합니다."라고 요구했다. 그러자 재판장은 "그것을 나보고 고발하라고 할 게 아니라 피고인이 고발하면 되잖아요."라고 말했다. 그러나 김 교수가 "아뇨. 공무원의 의무입니다. 〈형사소송법〉 제234조 공무원은 직무를 행함에 있어서……."라고 다시 문제를 제기하자, 재판장은 급기야 "그런 말씨름하지 말고……."라며 대화를 돌렸다.

   3차 공판이 시작되었을 때도 김 교수는 다시 재판장에게 "박홍우를 위증(〈형법〉 제152조)으로 고발하시든지 아니면 검사 백재명을 증거인멸(〈형법〉 제155조) 등의 죄로 고발하시든지 양단간에 빨리 결정해 주세요."라고 나섰다. 그러고는 "피고인!" "조용히 하십시오."라며 말을 돌리려는 이회기 재판장을 보면서 피고인은 맞은편에 앉아 있는 박혜경 검사를 아주 큰 소리로 불렀다. "검사님!" 박혜경 검사는 못 들은 척했다. 김 교수는 이렇게 외쳤다.

   〈형사소송법〉 제237조에 따라서 이회기를 직무유기(〈형법〉 제122조)로 고발합니다. 박혜경 검사!

   이회기 재판장의 표정은 순간 멈춰 버렸다. 이 적막함, 이 차가운 고요함, 헛기침이 고드름 떨어지듯 여기저기서 들려왔다.
   이회기 재판장은 그전 1심 재판부와는 달리 법정을 공포 분위기로 몰아가지는 않았다. 1심 김용호 판사는 김 교수나 변호인의 발언에 동조의 뜻에서 박수라도 치면 "박수친 분 나가세요!" 심지어 "박수쳤다고 생각하는 분 나가세요!"라고 소리쳤다. 그리고 "너무 합니다."라고 하면, "감치!"를 명했다. 하지만 이회기 재판장은 본인이 나갔다. 갑작스럽게 판사직을 그만두고, 그 유명한 법률사무소 김앤장으로 갔던 것이다.

그가 느닷없이 사표를 제출하고 나가자, 동부지방법원에서는 가장 연륜이 높은 신태길 판사가 다시 새로운 진영을 짜고 들어오게 된다.

인터넷 속기록 이야기를 하다

항소심 5차 공판이 있던 3월 10일 오후 2시 동부지방법원 3호 법정, 신태길 재판장이 판사가 입장하는 문을 통해 법정에 들어섰다. 청원경찰의 구령에 따라 모든 사람들이 자리에서 일어섰고 그 사이에 신태길 재판장은 판사석에 올라가 앉았다. 그리고 옆방에서 대기하고 있던 피고인 김명호가 호송 경관에게 이끌려 나왔다. 모든 사람이 자리에 앉자 판사의 말이 떨어졌다.

우리가 속기를 하는 것은, 공판조서를 만들기 위해서지, 인터넷에 올라가게 하기 위해서가 아닙니다. 여기 방청객 중에서도 우리가 나누는 이런저런 말들을 세세하게 인터넷에 올리는데, 그러지 마십시오. 위법하게 올라갈 수 없습니다!

왜 재판이 시작되자마자 이런 말을 꺼낸 것일까? 김명호 피고인은 재판이 시작되기 전에, 변론 녹음 녹취 신청을 했고, 재판에서 오고간 세세한 모든 내용이 기재된 공판조서를 인터넷 김명호 구명 운동 카페에 줄곧 게시해 왔다. 항소심 5차 공판에 가서야 알게 됐지만, 4차 공판 내용은 속기록으로 남아 있지 않다.

새로운 재판부가 이렇게 할 수 있는 법적 근거는 무엇인가. 신태길 재판장은 형사소송규칙 30조(속기와녹음의신청)를 들면서 새로운 재판부가 들어서기 7일 전에 다시 변론 녹취를 신청했어야 했다고 주장했다. 하지만 김 교수는 4차 공판 당일 구치소를 나와 법정에 오는 도중에 재판장이 바뀐 사실을 알았다며 몹시 곤혹스러워했다. 그러니 무슨 방법으로 일주일 전에 속기와 녹음을 신청할 수 있었겠는가.

그럼에도 처음에는 신태길 재판장과 김 교수 측 사이에 큰 갈등은 없었다. 김 교수 측에서 석궁 가방을 최초로 압수한 사람, 박홍우 옷가지를 압수한 사람, 그리고 당시 현장에 출동했던 119 대원인 권영복을 증인으로 신청했는데, 신태길 재판장은 이 모든 것을 흔쾌히 받아들였다. 그뿐만이 아니다. 항소심 3차 공판에는 1심에는 검찰이 없다고 해서 아예 생각도 하지 않았던 아파트 현관 CCTV 이야기가 다시 나왔다. 홍성훈 형사가 당시에 아파트에 있는 엘리베이터 안쪽에 CCTV가 있는 걸 확인했다고 증언한 것이다.

김 교수는 당시 박홍우는 엘리베이터 버튼을 누르고 기다리고 있었기에 엘리베이터 문이 열렸을 경우에, 그 안에 CCTV가 있었다면 뭔가 찍혔을 수도 있다며 이에 대한 사실 조회를 신청한다. 그러자 신태길 재판장은 아주 부드럽게 "그럼 있는지 알아보고 있다고 하면, 이 사건 당시를 전후해서 필름 있으면 달라고 해봅시다."라고 적극 수용한다. 신문이 끝나면 피고인에게 진술할 시간을 충분히 주겠다는 약속과 함께 모든 게 순조롭게 흘러가는 것 같았다. 적어도 박홍우 증인 신청 전까지는 말이다.

박홍우 증인 신청 기각하다

재판장(신태길) 그다음에 박홍우를 1심에서 증인으로 한 것으로는 충분하지가 않아서 증인 신청을 한 번 더 하셨죠?

변호인(박훈) 네. 그렇습니다.

재판장 1심에서 반대 신문까지 다 마쳤고, 제가 보기에도 더 할 게 없다고 봅니다. 박홍우 증인 신청은 지금까지 보류해 왔는데, 박홍우 신청은 안 받기로 하겠습니다.

변호인 (강하게) 이의 있습니다! 박홍우는 이 사건의 피해자이면서 중요한 증인입니다. 지금까지 진술을 계속 번복해 온 과정이 석연치 않습니다. 1심에서 피해자 박홍우는 검찰 측 증인이었습니다. 그리고 특히나 1심에서는 김용호 재판장이 격렬히 저지하는 바람에 제대로 물어보지 못했고, 그 당시에 처음으로 와이셔츠를 보고, 와이셔츠에 피가 없다는 걸 알았기 때문에 당황했습니다. 따라서 지금의 피해자 박홍우를 다시 한 번 불러서 지금까지 나타난 제반의 사정들을 물어봐야 한다고 생각합니다. 채택해 주시길 바랍니다.

재판장 1심 증인 박홍우에 대해서는 증인 신청을 채택하지 않겠다고 했고, 지금 이의신청을 한 것도 재판부에서는 기각합니다.

피고인(김명호) 저기, 박홍우의 진술이 홍성훈 형사의 증언하고 어긋나는데, 그건 어떻게 하겠다는 겁니까? 그럼 재판장님은 박홍우의 진술을 전부 인정한다는 겁니까?

재판장 사안의 실체에 관해서는 재판장에게 묻지 마십시오.

피고인 (반문하며) 왜 그렇게 말씀하세요? 지금 심리하는 거 아닙니까?

재판장 사안의 실체에 관해서는 재판장에게 묻지 마세요.

피고인 아니, 지금 심리하는 거 아녜요? 심리라는 게 뭡니까?

재판장 (말 자르면서) 권영복 119 대원, 석궁 압수 경관, 옷가지 압수 경관. 이 세 사람만!

피고인 (언성을 높이며) 지금 문제는 뭐냐면, 박홍우가 거짓말을 하고 있다는 겁니다. 박홍우가 말한 것과 정면으로 대치하는 홍성훈 형사의 증언이 저번 공판에서 있었습니다. 그렇다면 그것에 대해서, 어떤 사람이 옳은 이야기를 하고 있는지를 밝히기 위해 대질신문이라도 해야 되지 않겠습니까?

재판장 대질신문할 이유가 없습니다. (방청객 웅성웅성)

변호인 (따지듯) 아니, 왜 없습니까? 박홍우가 진술을 번복하게 된 동기가 '그 사람' 때문이라고 진술을 했습니다. 그런데 그 양반이 나와서 자기는 그런 말을 한 적이 없다고 했습니다. 그럼 진술 번복 동기에 대해서 다시 물어봐야 하지 않겠습니까?

재판장 (강하게) 또 다른 건 신청하십시오.

피고인 그럼 제가 아까 처음에 하려고 했던 이야기를 하겠습니다. 아까 재판장님이 재판을 시작하면서 제 항소 이유에 대해서 이야기를 하셨습니다. 제가 항소이유서 보충도 내고 했는데요. 그것에 대해서는 이야기 안 하셨습니다. 저는 지금 갱신 절차가 좀 생소합니다. 앞에 두 차례 재판한 것은 인정을 하고 지금 하는 겁니까?

신태길 재판장, 직무유기로 구두 고발당하다

재판장(신태길)　예전에 그런 일이 있었다는 것을 확인하는 겁니다.

피고인(김명호)　네, 그러면 말씀드리지요. 2차 공판 요지 고지 직후에 피고인 측에서 했어야 할 이의신청입니다. 두 가지인데요. 첫 번째가 석궁과 화살에 관한 것입니다. 바로 경찰의 압수 조서에 대한 것입니다. 이것은 "대법원 1995년 11월 7일 선고 95도1395" 허위 공문서 작성 죄의 성립 요건에 맞는 것이고, 위법하게 압수된 것입니다. 따라서 〈형사소송법〉 제308조의2, 위법 수집 증거 배제 원칙에 해당됩니다.

재판장　죄송합니다만, 지금 말씀하시는 대상이 뭡니까?

피고인　압수 조서와 압수물 석궁과 화살에 대한 것입니다. 위법 수집 증거 배제에 해당되므로 증거능력이 없다는 겁니다. 사후 영장도 없고.

재판장　압수 절차가 잘못되었으므로 증거로 할 수 없다고 주장하는 거지요?

피고인　주장이 아니라 지적하는 겁니다. 두 번째, 공소사실 "석궁 화살 발사에 의한 상처 입증 불가능"입니다. 전에, 이회기 재판장이 아무리 죄가 있다 하더라도 검사 측에서 입증하지 못하면 무죄라고 말했습니다. 지금까지 검사 측은 유죄 입증을 하지 못하고 단지 "증거물 채택했다."라는 식의 소극적 자세로 나오고 있습니다. 이에 대해 피고인 측은 검사 측이 제시한 증거물로는 석궁 화살 발사에 의한 상처라는 이 사건의 공소사실을 합법적인 방법으로는 입증할 수 없음을 밝히겠습니다. 그것은 석명권 행사 요청과 탄핵으로! 먼저 압수 조서에 의하면 현장에서 피의자가 석궁과 화살을 임의로 제출했다고 작성되어 있습니다. 저는 당시 석궁과 화살을 빼앗겼기에 임의로 제출하지 않았습니다. 이것은 경찰의 허위 공문서 작성 죄에 해당합니다. 이것에 대해서 (강하게) 재판장님! 이 사실에 대해 인식하고 계십니까?

재판장 (낮은 목소리로) 적고 있습니다.

피고인 (강하게) 지금 허위 공문서를 작성했다는 것에 대해서 인식하고 계십니까?

재판장 끝까지 주장해 보세요.

피고인 인식한 걸로 알겠습니다. 그럼 〈형사소송법〉 제234조에 따라서 "판사 직무상 범죄가 있다고 사료될 때에는 고발해야 한다."에 따라 경찰들을 허위 공문서 작성으로 고발하겠습니다.

재판장 이런 문제가 저번 기일에도 있었는데, 그렇죠?

피고인　네.

재판장　이번에도 그렇게 할 겁니까?

피고인　네. 그럴 겁니다.

재판장　저는 직무 고발하지 않겠습니다.

피고인　안 하겠습니까?

재판장　네.

피고인　(신동국 검사를 보며) 신동국 검사! 지금 이 자리에서 〈형사소송법〉 제237조에 의해서 신태기 직무유기 고발합니다.

검사(신동국)　(어리둥절한 목소리로) 네? 누구를 고발하신다고요? 누구를?

피고인　신태기! 재판장을 직무유기로 고발하겠습니다. 이제부터 석명권 행사 요청입니다.

검사　(얼굴 굳어지며 고개 숙임)

화살과 석궁에 대한 석명권 행사 요청

재판장(신태길)　……. (헛기침)

피고인(김명호)　(재판장을 바라보면서) 석궁 화살은 영장에 의한 압수인가요? 검찰에게 좀 물어봐 주시죠.

재판장　(김명호를 노려봄)

피고인   검사 측에 물어봐 주십시오.

 몇 분간 노려보는 상황이 계속됐다. 나는 긴장감 때문에 고개를 숙여 눈을 감았다. 하지만 내 옆에 앉았던 기자는 계속 보라고 계속해서 볼펜으로 내 옆구리를 찌른다.

재판장(신태길)   (노려봄)
피고인(김명호)   지금 형사소송규칙 141조, 석명권 행사 요청입니다.
재판장   (노려보면서) 하세요.
피고인   해주시라고요!
재판장   (계속 노려봄)
피고인   (강하게) 지금 뭐하시는 겁니까? 소송지휘를 거부하시는 겁니까?
재판장   (한참 있다가) 더 하실 게 없으면…….
피고인   (큰 소리로) 아니, 많아요! 지금 재판장님이 검찰 측에 물어봐 주셔야지 제가 그 대답에 따라서…….
재판장   (한참 있다가) 흠…….
피고인   지금까지 나온 걸로 이야기하겠습니다. 석궁과 화살에 대한 압수는 압수영장에 의하지 않았습니다. 이것은 〈형사소송법〉 제216조 3항의 사후 영장에 의한 압수도 아닙니다. 그렇다면 현장에서 임의로 제출한 압수입니다. 압수 조서에 작성된 바와 같이 저는 현장에서 임의로 제출하지 않았음이 밝혀졌습니다. 즉 석궁과 화살은 〈형사소송법〉 제308조 2항에 대해서 적법한 절차에 의해 압수된 증거물이 아닙니다. 즉 증거물로 채택할 수 없습니다. 증거 채택 취소해 주십시오.

재판장 …….

피고인 (큰 소리로) 재판장님! 신태기 재판장님!

재판장 (큰 소리로) 제 이름은 신태길입니다. (방청객 웃음)

피고인 아, 죄송합니다. (강하게) 신태기 재판장님!

재판장 (강하게) 신태 '길'!

피고인 신태길 재판장님! 석궁과 화살에 대해서 증거 채택을 취소해 주십시오.

재판장이 자신의 이름을 강조하자 방청석 여기저기서 키득거렸다. 한 청원경찰도 재판부가 보이지 않게 등을 돌리고 내 앞에서 쭈그리고 앉아 웃어 댔다. 본인의 입을 손으로 막고 말이다.

재판장(신태길) (낮은 목소리로) 증거 채택 취소하지 않겠습니다.

피고인(김명호) 그러면 위헌법률제청 신청하겠습니다. (앞으로 나가 재판장에게 제출하면서) 여기 있습니다. (다시 자리로 돌아와서) 두 번째요. 와이셔츠에 관련된 겁니다.

와이셔츠 대한 석명권 행사 요청

피고인(김명호)   와이셔츠 석명권 행사 요청입니다. 검찰은 박홍우의 상처가 화살에 의한 상처라고 주장하는데, 박홍우가 입은 조끼, 내복, 화살 구멍 위치에, 조끼, 내복에는 혈흔이 있는데 와이셔츠에는 왜 혈흔이 없는가를 "대법원 1961년 3월 31일 4293형상232"에 따라 조리와 경험칙에 의한 설명을 요구합니다.

재판장(신태길)   실체에 대해서는 묻지 마세요.

피고인   (강하게) 실체가 아닙니다! 조리와 경험칙에 의한 설명을 요구하는 겁니다. 지금 거부하는 것입니까?

재판장   (낮은 목소리로) 또 물어보세요.

피고인   세 번째! 의심스러운 증거나 사실은 피고인에게 유리하게 해석해야 한다는 "대법원 1968년 9월 24일 68도1112"에 따라 피고인에게 옷가지들은 증거 조작된 것으로 해석할 걸 요구합니다. (재판장을 향해) 재판장님! 듣고 있습니까?

재판장   (속기사가 작성한 내용이 올라오는 모니터를 보면서) 네. 보고 있습니다.

피고인 재판장님! 집중 좀 해주세요! (방청객 웃음)

재판장 (벗은 안경을 손에 들고는 큰 소리로 화를 내면서) 속기사가 "재판장님! 듣고 있습니까?"라고 쓰려고 해서 그것까지 뭐하러 쓰느냐고 이야기했습니다. 속기사에게 그런 이야기도 못합니까?

피고인 지금 제가 물어보는 석명권에 대해서는 하나도 이야기를 안 하면서 쓸 데 없는 건 다 이야기하시네요.

재판장 지금 묻는 것들을 여기에다가…….

피고인 다 쓰시라고 하세요.

재판장 왜요?

피고인 다 중요한 거니까요.

재판장 뭐라고요?

피고인 다 중요한 거라고요. 그러니 다 쓰시라고 하세요. (비꼬듯) 하다못해 기침하는 것까지라도! 지금 검찰에 와이셔츠에 대한 질문을 안 하실 작정이십니까?

재판장 …….

피고인 (강하게) 재판장님! 묵비권 행사하실 겁니까?

재판장 …….

피고인 와이셔츠에 대해서 〈형사소송법〉 제179조의2에 따라서 감정 촉탁을 신청합니다. 입증할 사실은, 와이셔츠를 포함한 박홍우 옷가지 혈흔은 "대법원 1961년 3월 31일 4293형상232"의 "증거의 취사와 사실의 인정에는 조리와 경험칙에 의한다."에서의 경험칙에 어긋나는 것을 입증함으로써 옷가지의 혈흔은 조작됐음을 밝히고자 합니다. 감정 촉탁을 구할 곳은 한국물리학회입니다. 기초 사실 및 한국물리학회의 의견을 구할 사항은, 기초 사실은 "박홍우는 좌측 복부에 석궁 화살을 맞았다고 주장하며 그 주장의 증거로 옷가지들을 법정에 제출한바, 첫 번째, 박홍우는 겉옷으로 양복 이외에 조끼, 와이셔츠, 내복 순으로 입고 있었고, 두 번째, 조끼, 와이셔츠, 내복에는 화살 구멍들이 있다. 그리고 세 번째, 화살 구멍 근처에 조끼 내복에는 피가 배어 있다. 그러나 조끼와 내복 사이에 입고 있던 와이셔츠의 화살 구멍 근처에서는 혈흔조차 발견되지 않았다. 두 번째로 감정 촉탁을 할 사항으로 한국물리학회에 의견을 구할 사항은, 와이셔츠에 생긴 화살 구멍 근처에 혈흔이 없는 것과 관련해서 다음 두 가지 가능성 중 어느 것이 확률이 높은가? 첫 번째 가능성은 조끼, 와이셔츠, 내복에 대한 혈흔의 인위적 조작 가능성, 두 번째 가능성은 화살 구멍 근처에 조끼 내복에는 피가 나와 있지만 와이셔츠에는 피가 묻지 않은 것으로 물리적인 자연법칙에 따른 것이다. 두 가지 가능성 중 어느 것이 더 높은가에 대해 한국물리학회 전문가의 판단을 받길 원합니다. 이것은 법리의 판단이 아닙니다. 이것은 물리적인 과학적 판단입니다. 감정 촉탁 신청 제출합니다(재판장에게 제출하고 다시 자리로 돌아왔다).

현장검증과 박홍우 진술에 대한 석명권 행사 및 탄핵

피고인(김명호) 다음, 현장검증과 박홍우 진술에 대한 석명권 행사 및 탄핵입니다. 역시 "증거의 취사와 사실의 인정은 조리와 경험칙에 의한다."입니다. 석명권 요청은 우선 검찰 측에게 "현장검증을 했는가?"라고 질문해 주십시오.

재판장(신태길) (피고인을 보며) 검찰에게요?

피고인 네 검찰에게 질문해 주십시오.

재판장 우리 재판부가?

피고인 네. 지금 석명을 위한 발문을 요청하는 겁니다.

재판장 (무관심한 듯) 계속 해보세요.

피고인 일단 검찰에게 질문해 주세요. (다른 곳을 보는 재판장을 향해) 지금 뭐하시는 겁니까? 소송지휘 거부하는 겁니까?

재판장 (화를 내면서) 지금 피고인에게 진술할 기회를 주고 있어요! 이게 소송지휘입니다. 지금 재판 지휘하고 있어요! 진술할 기회를 주고 있으니까 진술해 보세요!

피고인   이건 진술이 아니죠. 석명권 행사 요청인데 왜 받아들이지 않습니까? 이번에 숭례문 방화 사건에도 현장검증을 하고 그랬는데, 제가 묻고자 하는 것은 현장검증을 했느냐는 이야기입니다.

재판장   …….

피고인   그게 뭐 그렇게 어렵습니까?

재판장   (침묵하다가) 진술할 기회를 드리겠습니다. (방청객 웃음)

피고인   지금 재판장님은 뭐하시는 거예요? (방청객 웅성거림)

재판장   (방청객을 향해 단호하게) 조용해요! 방청객! (한동안 침묵, 피고인을 향해) 그만하시겠어요? 더 하시겠어요?

피고인   아뇨, 더 할 겁니다! 지금 재판장님은 석명권 행사 요청을 전부 거부하고 계시니까 명확하게 직무유기를 하고 있는 겁니다. 다음, 현장검증과 박홍우 진술에 대한 석명권 행사 및 탄핵입니다. …… 중요한 게 "현장검증을 했는가?" 이번에 숭례문 방화 사건에도 현장검증을 하고 그랬는데, 제가 묻고자 하는 것은 현장검증을 했느냐는 이야기입니다. 두 번째 질문은 현장검증을 했으면 현장 사건 재현 사진은 어디 있는가? 현장검증을 하지 않았으면 검사의 석궁 사건 스토리는 뭡니까? 또 박홍우가 피를 흘렸다는 증거는 어디 있습니까? 지금 계속적인 석명권 요청입니다. 특히 박홍우 옷가지에 있는 것이 박홍우의 피인지, 누구의 피인지에 대해 증거가 있습니까? 여기에 대해서도 감정 촉탁 신청을 요구합니다. 입증할 사실은 석궁을 맞잡고 실랑이를 벌이던 중 우발적으로 발사됐다는 걸 부인하며, 언제 어디서 어떻게 맞았는지 모른다는 박홍우는, 박홍우 자신의 상처가 1.5미터를 거리에서 조준해 쏜 화살에 의한 상처라고 증언했는데, 이와 같은 박홍우의 증언은 경찰의 석궁 실험 결과와 모순되는 것임을 입증함으로써, 박홍우 자신의 3주 상처는 1.5미터 앞에서 발사된 석궁 화살에 의한 것이 아니라는 결론을 도출하고자 합니다. 두 번째 감정 촉탁을 할 곳은 역시 한국물리학회입니다. 세 번째, 기초 사실과 한국물리학회 의견을 구할 사항입니다. 기초 사실은 석궁 실험 결과, 실험 재료 15센티미터 두께의 돼지고기입니다. 거리 0미터, 1미터, 1.5미터, 2미터, 5미터에서 화살 장전에 맞았을 때 전부 관통했습니다. …… 그런 반면에 박홍우의 상처는 서울대학교 의과대학 증언에 의하면 배꼽 및 좌측 복부에 깊이 1.5센티미터 상처이며 전치 3주를 요한다고 했습니다. 한국물리학회의 의견을 구할 사항은 위 기초 사실들을 진실이라고 가정한다면 물리학적으로, 첫 번째, 박홍우의 상처는 거리를 두고 발사된 완전 장전된 석궁의 상처일 확률이 높은가? 아니면 낮은가? 두 번째, 석궁을 맞잡고 실랑이 중 우발적으로 발사됐다는 피고의 주장과 거리를 두고 조준 발사된 완전 장전의 석궁이 발사됐다는 박홍우의 주장 중 어느 것이 가능성이 더 높은가? 이상입니다(제출하고 다시 자리로 돌아온다).

명예훼손 부분에 대한 석명권 행사 요청

피고인(김명호) 명예훼손 부분이 또 있습니다. 근거는 "대법원 판례 2000년 2월25일 99도4757" 허위 사실 적시에 의한 명예훼손 성립 요건, 첫 번째는 '허위 사실을 입증'해야 하고 두 번째는 '허위임을 알고도 유포했다'는 걸 입증해야 합니다. 즉 피고인이 허위로 알고 있었음에도 불구하고 유포했다는 것을 입증해야 합니다. 석명권 행사 요청입니다. 검찰에서는 허위라고 하여 기소를 했는데, 어떤 것이 "허위라는 걸 입증했느냐?"라고 묻겠습니다. 검찰의 입증은 어디 있습니까. 재판장님!

재판장(신태길) 그만하십시오. 신청하십시오.

피고인 뭘 신청하라는 겁니까?

재판장 신청한다는 거 아닙니까?

피고인 입증이 어디 있냐는 겁니다. 지금 석명권 행사 요청입니다.

재판장 …….

피고인 또 묵비권에 직무유기, 소송지휘 거부하시는 거죠? 명예훼손 석명권 행사 요청합니다. …… 검찰의 명예훼손 관련해서 석명권 행사 요청은 제3자에 의한 명예훼손 고발 사건을 기소한 예가 있는가 물어봐 주십시오.

재판장　…….

피고인　거부하시는 겁니까?

재판장　…….

피고인　(비꼬듯이) 고개라도 끄덕하세요.

재판장　…….

피고인　했으면 무슨 사건입니까? 그리고 재판 결과는? 여기에 대해서는 사실 조회 요청하겠습니다. 핵심 쟁점과 입증할 사실 중, 핵심 쟁점은 석궁 사건에서 제3자에 의한 명예훼손 고발 사건을 기소한 검찰과 징역형을 선고한 법원은 헌법 제11조, 법 앞의 평등권을 위반한 것이고, …… 입증할 사실은 제3자에 의한 명예훼손으로 고발되어 징역형을 받은 예가 없음을 확인함으로써, 검찰의 기소와 법원의 선고는 헌법 제11조 평등권을 위반한 것임을 입증하고, 아울러 피고에 대한 보복성임을 입증합니다. 조회할 사항은 대검찰청입니다. 첫 번째, 제3자에 의한 명예훼손 고발 사건으로 기소된 사람이 있는지 여부, 있다면 기소됐는지 여부, 그리고 징역형을 받았는지 여부, 세 번째, 불기소처분된 경우 그 사유는 무엇이었는지 제출합니다(제출하고 다시 자리로 돌아와 앉는다).

재판장 …….

피고인 (맞은편에 앉은 검사를 향해) 신동국 검사!

검사(신동국) (얼굴 굳은 채 고개 숙임)

피고인 (검사를 향해) 지금까지 신태길 재판장님에게 석명권을 요청했으나 거부했습니다. 이것에 대한 직무유기로 추가 고발을 합니다. 구두로 합니다.

검사 (고개 숙인 채, 얼굴이 붉어짐)

항소심 4차 공판 막바지 풍경

재판장(신태길) (시간이 흐르고) 더 하실 거 없습니까?

변호인(박훈) (달래는 목소리로) 재판장님, 지금 피고인이 석명권 발문 요구를 하고 있는데, 이게 이 사건에 대해 저희들이 주장해 오던 것들입니다. 그러면 검찰 측에서는 석궁 사건에 대해서 어떤 그림을 그리고 계시는지, 피고인이 화살을 장전해서 발사했는데 어떻게 발사를 했다는 것인지, 부러진 화살은 어디로 갔는지……. 이런 저희들이 주장하고 있는 것에 대해 검찰 측에서는 뭉뚱그려 가지고서 박홍우의 주장대로 "맞았다."고만 하고 그 이외의 다른 내용들에 대해서는 반박하지 않고 있는데, 그럼 소송관계를 명료하게 하기 위해서 석명 행사 요청을 촉구할 수 있는 거 아닙니까. 저희들은 사실관계를 명료하게 하기 위해서 저희들이 주장하고 있는 것에 대해 검찰 측이 사건에 대해 어떤 생각과, 어떤 사실적 견해를 가지고 공소사실에 임하고 있는 것인지, 이것을 주장해 달라는 겁니다.

재판장   그것 이외에는 없지요? 변호인, 또 있어요?

변호인   음……. 저희들이 주장하는 것에 대해서 그 옷가지의 피가 박홍우의 것인지 아닌지를 확인하는 건 가장 기초적인 것임에도, 그걸 공판 절차 갱신 전에 기각을 했는데요. 그 혈흔 감정은 반드시 해야 될 거라고 봅니다.

재판장   답변하지요. 오늘 피고인이 낸 신청에 대해서는 검토를 해봅니다. 재판에 필요한 것은 채택해서 낼 것이고 변호인이 석명권 발문 요구한 게 있으면 즉시 보냅니다. 항소심은 1심 재판을 항소 이유 범위 내에서 옳고 그른지를 판단하는 것이기 때문에 그 항소 내에서 하는 것이고, 일부 신청 범위가 벗어났다든지, 이유 없다고 하는 것은 기각을 하겠습니다. 그렇게 하고 오늘 신청한 것은 모두 받아 놨습니다. 다음 기일은 3월 3일 오후 2시입니다. 일주일 후고요.

변호인   (일어서면서) 안 됩니다. 그다음 주로 합시다.

재판장   그다음 주로 하면 기일이 너무 촉박하다는 걸 변호인도 아시

지요?

변호인 (황당한 듯) 무슨 기일이 촉박합니까?

재판장 3월 3일 오후 2시로.

변호인 구속 기간 만료(3월 17일)를 지금 말씀하시는 겁니까? (화를 내면서) 기일이 왜 촉박하다는 겁니까? 구속 기간이 만료가 되면 일단 석방했다가 다시 법정 구속하는 상황이 있더라도, (어이없어 하며) 저희들은 지금 3월 3일이면 준비가 안 됩니다!

재판장 준비가 안 됩니까?

변호인 준비가 안 되죠! 어떻게 준비가 됩니까!

재판장 안 됩니까?

변호인 아니, 이거 보세요!

재판장 신청한 증인이 세 사람인데, 지금처럼 증인신문하시면 될 것 아닙니까?

변호인 증인신문이야 변호인이 알아서 하는 것이고, 석궁 가방을 최초로 압수한 경찰과 박홍우 옷가지를 압수한 경찰이 누구인지 통고를 받으면 실제 그들이 압수했는지 미리 알아봐야 합니다.

재판장 아니, 그 사람들에게 물어볼 게 뭔데요? 옷가지를 어떻게 가져왔는지 석궁을 어떻게 가져왔는지 물어볼 거 아닌가요?

변호인 아니, 그 사람들이 실제로 옷을 입수한 사람인지 아닌지에 대해서 알아봐야죠. 지금 송파경찰서에서는 이 사건에 깊숙하게 관여했기 때문에 전혀 관련이 없고 말을 뻔뻔히 잘할 수 있는 두 사람을 내세울 가능성이 큽니다.

재판장 그게 합리적인 예단이라고 보십니까?

변호인 아니, 지금 보십시오! 지난번 재판 증인인 형사 홍성훈이가 전화 한 통화면 알 수 있다고 했는데 송파경찰서에 사실조회서를 보냈는데도 지금까지 도착하지 않고 있습니다. 이건 지금 뭔가를 고민하고 있다는 겁니다. 그러면 우리도 그 경찰들이 과연 옷가지와 석궁 가방들을 입수한 사람인지 아닌지를……

재판장 증인에게 선서를 시키면 되지 않습니까? (방청객 웅성거림)

변호인 (어이가 없어서) 선서가 무슨 상관이 있습니까? 지금?

피고인(김명호) (어이가 없어서) 검찰에서 증거를 조작하는 마당에 무슨 선서가 필요 있습니까? 제발 과학적인 판단을 해줘요!

변호인 그리고 지금 재판 날짜가…….

재판장 변호인이 신속한 재판에, 왜 거기에 제동을 걸고 나옵니까? (방청객 웅성거림)

변호인 신속한 재판을 해도 실체적 진실을 밝혀야죠.

재판장 (방청객을 향해) 조용하세요!

변호인 지금 보면요, 재판장님은 다음 기일에 그 세 사람만 증인신문하고 나서 모든 것들은 채택하지 않고 기각하고 공판을 종료하시겠다는 말씀으로밖에 안 들립니다.

재판장   그 후에 내가 뭐를 기각한다고 했습니까?

변호인   3월 3일 날 재판을 하시겠다는 게, 3일 날 공판 종결하겠다는 말씀이지요? 맞지요?

재판장   3월 3일 외에도 더 하실 게 있으십니까?

변호인   지금 많이 신청해 놓고 있지 않습니까! 그럼 재판장님의 전략은 이런 식 아닙니까. 3월 3일 세 사람만 대충 증인으로 신문하고…….

재판장   (날카롭게) 대충? 지금 '대충'이라고 하셨나요?

변호인   증인신문한 다음에 모든 것에 대해서는 기각하고 공판을 종결한 다음, 3월 17일 이전에 선고를 내리겠다는 재판, 진행을 지금 명확하게 말씀하신 겁니다. 저희들은 그 점에 대해 동의하지 않습니다. 지금 보면요, 지금까지 뭐 하나 사리에 어긋나는 신청을 한 적이 없습니다. 사리에 어긋나는 신청을 하지 않았음에도 모든 것을 다 기각시키고 있습니다.

재판장   제가 뭐 모든 걸 다 기각시켰나요?

변호인   (강하게) 박홍우 증인! 혈액 감정! 사실 조회! 압수 조서 문제 등등에 대해서, 그중에 뭐 하나 속 시원하게 받아들인 적이 있습니까?

재판장   (낮은 목소리로) 증인 다 받아 주고…….

피고인　뭐 받아 줘요? 중요한 건 하나도 안 받아 주고!

재판장　(작게) 필요 없는 증인은 내가 안 받아 주는 거죠.

피고인　(화를 내면서) 필요 없긴 뭐가 필요 없어요!

재판장　왜 이래요? 잘나가다가 왜 이래요? (김명호·박훈 망연자실한 표정) (웅성거리는 방청객을 향해 단호하게) 재판에 영향을 주는 일은 하지 마세요.

변호인　기일을 그렇게 잡으신다면 3월 3일은 우리가 그쪽 증인들에 대해 탐문 수사할 시간도 없고요. 저희들이 다시 재판에 어떻게 임해야 될지에 대해 서로 의사소통할 수 있는 그런 시간이 안 됩니다. 제가 분명히 말씀드리지만 3월 10일로 해주십시오. 그렇더라도 3월 17일 재판장님께는 일주일이 남습니다. 만약 3월 3일 날 잡으시면 다시 기피 신청해서 시간을 벌겠습니다.

재판장　기피 신청하면 구속 기간에 반영이 안 됩니다.

변호인　(어이가 없어서) 아니……

재판장　그러면 피고인에게 불리해집니다. 지금 3월 10일로 하면 재판 진행에 차질이 없습니까?

변호인　3월 10일 날, 좋습니다.

피고인　제가 석명권 행사 요청한 건 어떻게 됩니까? 기각입니까? 뭡니까? 다 묵비권 행사로 넘어갔는데.

재판장   기각할 건 기각할 이유를 적어 올 것이고, 채택할 건 채택할 것이고.

피고인   다음 기일에 다 기각하겠다는 이야기인가요?

재판장   (아주 낮은 소리로) 예.

피고인   그렇다고 지금 시인한 겁니까? 다음 기일에 다 기각하겠다고? (아무 답변이 없자) 귀가 잘 안 들리세요? 그리고 감정 촉탁 신청은 법리적 판단이 아닙니다. 법리적 판단이라고 빠져나갈 생각은 하지 마십시오. 그것은 과학적 판단이지, 판사님의 판단이 아닙니다.

재판장   다 하셨습니까? 다 됐지요?

피고인   박홍우 증인 신청은 지금 보류하신 거죠?

재판장   기각했습니다.

피고인   다시 신청하겠습니다.

재판장   3월 10일 오후 2시에 속행하겠습니다.

피고인   (일어서는 재판부를 보면서) 한마디 합시다! 공개재판이라면서, 방청객을 철저히 탄압하시는데 그럼 비공개로 하시지 왜 공개로 하십니까? 구색 맞추려고 하시는 겁니까?

재판부에 계란이 날아들다

항소심 4차 공판이 끝나 법정 밖을 나왔을 때, 2월의 매서운 눈발이 날리고 있었다. 나가는 사람들 대부분이 눈발을 피하느라 고개를 옷 속으로 바짝 움츠렸다. 하염없이 내려오는 눈발 속에서 누군가가 "미친 판검사들 수입하자!"고 외치고 있었다.

나는 박홍우가 증인으로 나왔던 1심 7차 공판 때부터 석궁 사건 공판에 대한 속기록을 꾸준히 작성해 왔다. 물론 항소심 종결심도 이제는 유일한 속기록으로 남아 있다. 이날 신태길 재판장은 인터넷에 올라온 2008년 2월 25일자 항소심 4차 공판 속기록과 누리꾼들의 '욕설'로 가득 찬 댓글을 보고 몹시 놀랐던 것 같다. 그래서 변론 종결을 강행했던 5차 공판이 시작되자마자 두 번이나 "인터넷에 올리지 말라."고 말했다.

신태길 재판장은 4차 공판의 전체 내용을 자신과 관련된 부분은 삭둑 잘라 버리고 세 쪽 분량의 공판조서로 만들어 버렸다. 항소심 4차 공판조서를 보면, 피고인 측의 석명권 행사 내용을 '피고인, 재판장에 대하여 석명을 위한 발문 요구'라고 매우 간략하게 정리해 놓았다. 얼마나 줄여 놓았는지 그것을 봐서는 대체 무슨 일이 있었는지를 전혀 알 수가 없었다. 5차 공판이 시작되자 피고인 김명호는

"재판장님! 질문 있습니다. 왜 법에 보장된 녹취와 속기를 해주지 않으십니까?"라며 따지기 시작했다.

재판장(신태길) 피고인은 전체 공판 기일에 관해 녹취와 속기를 신청했지만, 형사소송 규칙에는 갱신하기 일주일 전에 녹취 여부에 대한 신청이 있어야 합니다. 녹취와 속기록이 없는 것은 공판 절차를 갱신한 지난 4회 공판 전에 신청하지 않았기 때문입니다. 또한 녹취록 등은 관련 소송과 관계없는 용도인, 피고인이 인터넷에 유포하게 했기 때문에 만약 신청이 있었더라도 받아들일 수 없었을 것입니다.

피고인(김명호) (일어나 화를 내며) 생략해도 된다는 근거가 어디 있습니까? 법전에 어디 있어요? 법전에는 그런 게 없습니다. 〈형사소송법〉에는 특별한 사정이 없는 한 다 하도록 돼있습니다. (법전을 흔들면서) 지금 이 법대로 재판하시는 겁니까?

변호인(박훈) 피고인은 항소심 전 과정에 대한 녹음·녹취를 신청한 바가 있습니다. 〈형사소송법〉에는 녹음·녹취 신청을 매 기일마다 해야 한다는 규정이 없습니다. 이회기 재판장이 맡았던 3회 공판기일까지 계속 녹음·녹취를 해왔는데, 갑자기 신청이 없었다는 이유로 녹음·녹취를 하지 않는 것은 옳지 않습니다. 또한 녹취록을 인터넷에 올리든 어떻든 그것도 녹취록을 받고 난 이후의 일이지, 그걸 이유로 녹음·녹취할 수 없다는 것은 억지 주장입니다. 이건 재판장님의 명백한 직무유기입니다. 그리고 4회 공판조서 또한 삭제 또는 사실과 다르게 기재돼 있는데, 이건 허위 공문서 작성입니다.

재판장 뭐가 사실과 다르게 기재돼 있단 말입니까?

변호인 (일어서서 화를 내면서) 물리학회에 대한 감정 촉탁 신청 그런 거 공판조서 어디에 있습니까? (공판조서를 흔들면서) 가르쳐 주십시오. 어디에 있습니까?

재판장 3쪽에 있지 않습니까? 거기에 별도의 요지를 3쪽에 정리했잖습니까?

변호인·피고인 (소리를 지르며) 그럼 요지를 제대로 적어 주시든가! 그럼 두 번째 "증거 관계 별지"가 어디 있습니까?

재판장 소송기록 증거 목록에 있지 않습니까.

변호인·피고인 (거칠게 항의하며) 별지를 주시라고요! 공판조서에 첨부해야 하지 않습니까?

재판장 우리가 속기를 하는 것은, 공판조서를 만들기 위해서지, 인터넷에 올라가게 하기 위해서가 아닙니다. 여기 방청객 중에서도 우리가 나누는 이런저런 말들을 세세하게 인터넷에 올리는데, 그러지 마십시오. (강하게) 위법하게 올라갈 수 없습니다!

변호인 (이미 준비해 온 기피 신청서를 재판부에 낸 후, 허리춤에 양손을 올리고는) 기피 신청 제출하겠습니다!

재판장   안 됩니다. 오늘 증인이 나왔기 때문에 재판을 해야 합니다!

피고인   (자리에서 일어나서, 거칠게 항의하며) 이게 재판입니까? 이건 독재입니다. 판결 테러범인 김용호 판사도, 그전에 이회기 씨도 이러지는 않았습니다!

재판장   이렇게 재판 과정을 거부하고 소송을 지연시키는 목적이 뭡니까?

변호인   (자리를 박차고 일어나서) 재판이 불공정하다는 거 아닙니까. (방청객 웅성웅성)

재판장   이의가 있다고 해도 제가 안 받아 준 게 뭡니까?

그때 방청석에 있던, 한 아주머니가 재판부를 향해 계란을 던졌다. 현장에 있던 모든 청원경찰들이 아주머니 쪽으로 달려들었다. 제압당한 아주머니는 어디론가 끌려갔고 박훈 변호인과 김명호 피고인은 자리를 박차고 퇴정했다.

신태길 재판장은 "모두 퇴정한 관계로 국선변호인을 참관시키고 재판을 계속하겠습니다."라며 직원을 향해 국선변호인을 데려오라고 명령했다. 그리고 30분 휴정이 선고됐다.

재판부가 잠시 나가사 방청석에서 욕설들이 쏟아지기 시작했다.

"야! 집에 가서 자빠져서 자라고!" "우리가 하면 판사보다 더 잘해!" "야! 우린 국선변호인 쓰려고 해도 시간이 많이 걸리는데 여기는 그냥 후다닥 오네!" "법 안 지키기 운동을 해야 해!" 그리고 한 아저씨는 핸드폰으로 그 풍경을 영상에 담아 두려고 하다가 청원경찰에게 끌려 나가기도 했다. 내 옆에 있던 KBS 사회보도팀 기자는 바닥에 깨진 계란 자국이 몇 개인지 부지런히 세다가, 문득 이회기 재판장이 사표를 쓰고 나간 직후 시점인, 3월 7일 대법원에서 열렸던 신임 수석 부장판사 회의에 대해 말해 줬다. 그 회의를 취재차 갔었는데, 회의 도중에 이 사건 이야기가 나왔다고 했다. 그런데 그렇게 좋은 말들이 아니었다고 말해 주며 쓴웃음을 지었다.

판사들이 다시 들어오자, 모두 일어나라는 청원경찰의 구령이 이어졌다. 퇴정했던 박훈 변호인도 돌아와 자신이 증인신문을 하겠다고 밝혔다. 국선변호인은 퇴정했다.

새로운 사실들이 밝혀지다

권영복 씨가 증인석에 앉았다. 그는 신고를 받고 현장에 출동했던 119 대원이었다. 당시 구급 활동 일지에는 환자 박홍우를 오후 6시 40분에 접촉해 6시 52분에 인근 병원으로 이송해 준 것으로 나와 있다. 구급 활동 일지 환자 평가란에는, 구급 대원 평가 소견이라는 세부 항목이 있다. 권영복 씨는 이 모든 것을 바로 자신이 작성했노라고 말했다.

박훈 변호인은 구급 활동 일지를 제시하면서 "이 기록에 의하면 '피의자(김명호)가 1~2미터 전방에서 석궁으로 활을 쏘았다고 하며, 화살이 복부에 맞고 튕겨져 나갔다고 함'이라고 적혀 있는데 이 말은 증인이 피해자 박홍우로부터 직접 들은 말인가요?"라고 물었다. 권영복 씨가 대답했다. "네." 화살이 배에 맞고 튕겨 나갔다는 소리에 순간 방청석이 술렁거리기 시작했다.

이번에는 김홍석 형사가 증인석에 앉았다. 김홍석 형사는 1심에서도 나와 송파경찰서 내 자체 석궁 실험에 대해 증언한 바 있었다. 박훈 변호인도 수사 보고서를 제시하며 당시 실험에 대해 다시 물었.

김홍석 형사는 당시 상황을 설명하다가 법정에서 직접 석궁을 가지고 시연을 해보겠다고 했다. 실무관이 석궁을 건네주자 김홍석 형사는 일어나 몸을 숙여 석궁을 발로 누르고 줄을 끌어올려서 화살을 장착했다. 그리고 완전 장착과 불완전 장착 상태를 설명해 보겠다면서 재판부를 향해 석궁을 들어 올렸는데, 신태길 재판장은 위협을 느낀 듯 황급히 손으로 얼굴 앞을 가로막았다. 방청석에서 웃음이 터져 나왔다.

김홍석 형사는 화살을 완전히 끼운 완전 장착 상태에서 발사를 하면 몸을 관통하기 때문에 박홍우 판사가 입은 상처가 도저히 나올 수 없다고 했다. 그래서 화살이 중간에 걸쳐진 불안전 장전 상태에서 맞은 게 아닌가 생각하게 됐고 한번 실험을 해봤는데, "손이 조금만 흔들려도 화살이 제대로 발사되지 않았고 표적까지 도달하지도 않았다."라고 말했다.

두 증인에 대해 검찰 측의 반대 신문 사항은 없었다.

변론 종결을 강행하다

증인신문이 끝나 지난 4차 공판에서 김명호 피고인이 신청했던 사건 현장의 CCTV 이야기가 나왔다.

재판장(신태길) 잠실 ○○아파트 경비 일지에도 CCTV에 관한 내용이 없고, ○○아파트 CCTV에 대해 사실 조회를 했는데 없다고 합니다. 이상 보는 바와 같이 CCTV는 없다고 보입니다.

변호인(박훈) CCTV를 설치한 그 회사에서는 아직 답신이 안 왔는데요.

재판장 보냈는데 도착하지 않았잖습니까. 하지만 모든 증거가 돼있지 않았다고 하니 어느 세월에 다 할 수도 없고 취소하겠습니다.

변호인   (강하게 자리를 박차고 일어나) 어느 세월에 다라뇨?

재판장   이미 이야기할 게 없습니다.

변호인   어느 세월에 다라뇨?

재판장   증거를 취소합니다.

변호인   사건 당시 설치했는지 안 했는지는 그 회사가 잘 알 거 아닙니까? 그 회사가 더 잘 알지 않습니까?

재판장   (재빠르게) 취소합니다.

변호인   지금 재판 끝내겠다는 겁니까?

재판장   (작고 빠르게) 변론 종결하셨습니다.

변호인   (자리에 앉아서 침착한 목소리로) 더 할 거 많습니다. 다시 증거신청을 합니다. 피해자 박홍우를 신청합니다. 박홍우는 홍성훈 경사 때문에 진술을 번복했다고 하는데, 홍성훈은 그런 말을 한 적 없다고 합니다. 그리고 박홍우의 옷가지로 추정하는 것들에 대해 압수한 사람이 누군지도 물어보고, 누구에게 줬는지 그리고 그 옷이 박홍우 판사가 입고 있던 옷인지도 신문할 중대한 사안이 됩니다. 박홍우에 대해 신청합니다. 이건 정말로 받아들여야 하는 것인데 피해자 박홍우의 옷가지 혈흔이 박홍우의 혈흔과 동일한 것인지 혈흔 감정 반드시 해야 합니다. 오늘 증인으로 나온 김홍석 증인이 이야기한 대로, 다양한 각도에서 실험을 해봤는데, 불완전 장전 시는 관통하지 못했다고 합니다. 명예훼손에 관한 부분도 그렇고 이 정도는 받아 줘야 합니다.

재판장   공소사실에 대한 법적 사실과 객관적인 것들 중 무엇을 인정하는지 변호인이 대답해 주시길 바랍니다. 상해 고의가 있다? 없다?

변호인   (박홍우가 화살에) 안 맞았다!

재판장   김명호가 재판장 집에 찾아갔다?

변호인   인정합니다.

재판장   화살 석궁 소지하고?

변호인   네.

재판장   장전하고 있었고 피고인은 화살이 우발적으로 날아갔다?

변호인   인정합니다.

재판장   배에 꽂혔다?

변호인   안 꽂혔습니다.

재판장   화살이 날아간 사실은 인정하십니까?

변호인   네. 그러나 배에 꽂히지는 않았다!

재판장   박홍우 판사의 상처가 화살에 의한 것은 아니다?

변호인   (강하게) 그 상처하고 화살하고는 아무 관계가 없다!

재판장   그럼 그 속옷의 피는 뭡니까?

변호인   그건 모릅니다! (어이없다는 목소리로) 재판장님은 왜 저에게 물어보십니까? 부러진 화살의 존재 유무에 대해 대체 검찰에게 물어봤습니까? 물어봤습니까? 재판장님! 검사 측에 물어보십시오!

재판장 (재빠르게) 검사도 모른다고 합니다.

변호인 (분노하며) 그게 말이 됩니까? (강하게) 그래서 재판장님은 이 사건을 이미 어떻게 처리하겠다고 생각하시고 강하게 밀어붙이시는데, 그러다 보니까 기록 안 남기려고 속기·녹음도 안 주시고.

재판장 그걸 줄 이유가 없어요. 속기는 공판조서 작성을 위해서 하는 거예요.

변호인 공개되는 걸 두려워하시는데…….

재판장 (강하게) 공판조서 줬잖습니까!

변호인 (화가 나서) 두 장짜리요? 세 장짜리요?

재판장 별도 신청한 옷가지는 누가 압수했는지는 모른다고 나와 있습니다. 그리고 혈흔 감정 신청, 석궁 실험 신청 이미 기각!

변호인 모두 기각하십니까?

재판장 변론 종결 후에 신청한 거라 모두 기각합니다.

변호인 아니! 후에 신청하다니요!

신태길 재판장은 다시 재빠르게 "변론 종결합니다."라고 말했다. 그리고 그렇게 끝이 났다.

신기를 발휘한 항소심 판결문

법정 밖으로 나온 박훈 변호인은 허탈한 듯, 연신 하늘을 쳐다보며 담배를 내뿜었다. 3월이라 봄기운이 동부지방법원 구석구석에 스며들기 시작했지만, 구름이 잔뜩 낀 하늘 아래 차가운 바람이 주변을 맴돌고 있었다.

커피 자판기 근처 벤치에 사람들이 삼삼오오 모여들었다. 방금 눈앞에서 펼쳐졌던 광경에 몹시 상기된 듯, 흥분들을 감추지 못했다. 재판이 어떻게 진행될지 어느 정도 예상은 했다는 가족들도 충격에 휩싸였는지 말을 잇지 못했다. 사람들은 한동안 그대로 있다가 박훈 변호인이 먼저 자리를 뜨는 걸 지켜봤다. 서류 가방 하나 달랑 들고 고개 숙여 떠나가는 뒷모습은 패잔병처럼 쓸쓸해 보였다. 곧이어 김명호 교수가 호송 차량에 올라탔는데, 불투명한 차창을 통해 그의 모습이 얼핏 보였다. 평소에 호송 차량이 보이면 "파이팅!" 하고 소리를 외쳐 대던 사람들도 그저 물끄러미 바라볼 뿐이었다. 호송 차량이 동부지방법원 정문 밖을 빠져나가자 그제야 사람들은 "아이고…… 이걸 어째……."라며 발을 동동 굴렀다. 그날은 그렇게 흘러가고 있었다.

구속 기간 만료 바로 직전인 3월 14일, 신태길 재판장은 재판 과정이나 수사 과정에 단 한 번도 나오지도 않았던 내용들로 가득 찬 판결문을 읽어 내려갔다. 항소심 판결문 속에는 와이셔츠 화살 구멍에 혈흔이 없는 문제에 대한 명쾌한 해답이 있었다. 와이셔츠 화살 구멍에 있던 혈흔이 '사라졌기' 때문이라는 것이다. 판결문은 피고인이 안전장치를 풀은 석궁을 들고 계단에서 내려와 피해자를 향해 '주저함이 없이' 석궁을 발사했다며 피고인에게는 상해의 '고의'가 있었다고 인정하기에 넉넉하다고 밝히고 있다. 하지만 그 누구도 주저 없이 발사했다고 이야기를 한 바가 없었다. 박홍우도 하지 않았다. 박훈 변호인의 말처럼 "그는 기억이 없는 사람이기 때문"이나. 안전장치를 풀어 두었다는 부분도 마찬가지다. 이건 이야기한 사람도, 물어본 사람도 없었다. 대체 신태길 재판장은 무슨 근거로 고의 조준을 말하는 것일까? 박홍우는 손으로 석궁을 잡은 적이 없다고 진술한 바 있다. 즉 손으로 잡지 않았기에 석궁은 우발적으로 발사된 게 아니라는 것이다. 그렇다면 박홍우가 손으로 잡지 않았다는 것을 신빙할 만한 근거는 무엇인가? 신태길 재판장은 수사 과정이나 공판 과정에서 단 한 번도 나오지 않은 '피해자 박홍우 손에 상처가 없다'는 점을 들어 박홍우가 석궁을 잡은 적이 없다는 판단의 근거로 삼았다.

양형 이유에는 원심과 마찬가지로 "이것은 법치주의의 최후의 수

호자이며 재판 당사자로부터 독립하여야 할 사법부의 구성원에 대하여 위해를 가한 것으로서 재판 결과에 대한 보복성 범죄라는 점에서 죄질이 극히 중대하다."라고 밝히며 "그럼에도 불구하고 피고인은 이 사건 범행 후부터 현재까지 정당방위 또는 국민 저항권의 행사라는 터무니없는 주장을 하면서 모든 책임을 피해자 및 사법부에 돌리고 있고, 나아가 피고인은 이 사건 범행 자체를 부인하는 등 반성하는 기미를 찾아볼 수 없다."라며 항소를 기각한다고 밝혔다.

신태길 재판장이 법정에서 퇴정하자 사람들 사이에서 "너무 악랄해", "악랄해."라고 중얼거리는 소리들이 들려왔다. 동부지방법원 앞마당에는 몰려든 카메라와 취재진들을 향해 "과학수사가 뭡니까?" "이러고도 법 앞에 평등이야!"라고 외쳐 대는 소리만 가득했다. 그렇게 하루가 흘러가고 있었다.

박홍우 판사는 석궁을 들고 찾아온 김명호에게 "판결에 불만이 있으면 상고하면 되지 않느냐?"라는 말을 건넸다고 했다. 항소는 기각됐지만, 김명호 교수에게는 아직 합법적인 구제 수단인 '상고'가 남아 있다는 말이다. 신태길 재판장의 항소심 판결이 나온 후, 김 교수 측은 대법원에 상고를 했다. 김 교수는 혈흔 감정 신청을 대법원에 제출했고, 박훈 변호인도 6월 3일 공개 변론을 요청했으나, 법원은 이를 받아들이지 않고 6월 12일 선고하겠다는 통지를 보내왔다.

대법원 선고 전날(6월 11일), 서울구치소를 찾았다. 혹시 결과가 안 좋게 나오더라도 너무 낙담하지 말라고 말해 주기 위해서였다. 김 교수는 알고 있다면서도 밝아 보였다. 연유는 곧 알게 됐다. 차단막 사이로 법전을 보여 주며 〈형법〉 제72조, 가석방 요건을 가리킨다. 징역 또는 금고의 집행 중에 있을 때 일정한 조건이 충족되면 무기는 10년, 유기는 형기의 3분의 1을 경과한 후 행정처분으로 가석방할 수 있다는 내용을 담고 있었다. 김 교수는 이 법 조항에 따르면 자신은 곧 감옥을 나갈 수 있다고 했다.

선고 낭일 박훈 변호사는 새벽녘까지 잠을 못 이루고 괴로움에 휩싸여 있었던 것 같다. 나는 새벽녘에 그로부터 한 통의 메일을 받았다. 자신의 무력함에 관한 내용으로 가득 차있어 마음이 무거워졌다. 나도 지난 시간들을 돌아보면 만감이 교차했다.

2007년 1월 15일 사건이 터지고 나서 이 사안을 안타깝게 생각한 대학교수들이 모여 '김명호 교수 구명과 부당 해직 교수 복직 및 법원과 대학 개혁을 위한 공동대책위원회'(가칭 김명호 대책위원회)를 출범시켰다. 촛불 문화제가 시작되던 5월 초부터 대법원 정문 앞에서는 '김 교수 석방을 촉구'하는 교수들의 릴레이 일인 시위가 있었다. 당시는 한국 사회를 뜨겁게 달군 촛불 문화제로 모든 시선이 광화문 일대로 쏠릴 때였다. 이들에게는 여분의 눈길이 아쉽기만 했다.

5월의 날씨는 변덕스러웠다. 화창하다가도 갑자기 먹구름이 밀려왔고 바람 또한 거세어 피켓이 날아가곤 했다. 약 한 달간 일인 시위 취재차 대법원 정문 앞에 있으면서 나는 매일 각 단체 소속의 교수들을 만났다. 교수들은 "사건이 일어나기 전 김 교수가 우리 단체에 찾아왔었어요."라고 말했다. 한국에 돌아와 사건을 해결하기 위해, 단체의 누군가를 만나서 이야기하고, 별 성과 없이 돌아가는 일을 되풀이했을 그의 동선이 느껴졌다.

대법원, 상고를 기각하다

서울 광화문 앞 촛불 문화제가 한창이던 2008년 6월 12일 오후 2시, 대법원 2호 법정 이홍훈·김영란·김황식·안대희, 이렇게 네 명의 대법관이 입장하자 방청석 맨 앞에 앉아 있던 우리는 일어나 기립 자세를 취했다. 이 사건을 맡은 주심은 이홍훈 대법관이었다. 그 또한 서울중앙지방법원 법원장으로 재직하던 시절, 2005년 12월 29일 이혁우 판사를 징계하라며 일인 시위하던 김 교수를 불러서 달랜 바 있다.

'대과大過 없는 무난한 판관'으로 기억되고 싶다던 김영란 대법관의 담담한 목소리가 울려 퍼졌다.

2008도2621 〈폭력행위 등 처벌에 관한 법률〉 위반(집단, 흉기 등 상해) 등, 피고인 김명호 상고를 기각한다. 상고 후의 구금일수 중 80일을 본형에 산입한다.

박훈 변호인은 '상고기각'이라는 말이 나오자 자리를 박차고 일어나 뒤도 안 돌아보고 법정을 나갔다. 그는 나가면서 혼잣말로 "그럴 줄 알았어."라고 중얼거렸다. 이렇게 해서 한 유능했던 수학자가 범죄자로 확정되었다. 청명했던 서울의 하늘은 오후 늦게 먹구름이 밀려오면서 저녁이 되자 바람이 몹시 불고 천둥이 내리치며 비가 쏟아지기 시작했다.

며칠 후 대법원 판결문(2008도2621)이 도착했다. 4쪽에는 부러진 화살이 언급됐다. 박훈 변호사는 "피고인에게 불리할 결정적인 증거물을 수사기관이 일부러 폐기 또는 은닉할 이유가 없으므로"라고 읽다가 주먹으로 책상을 쾅 내리쳤다.

피고인에 불리한 부러진 화살이 사라졌다고 해서? 그게 왜 피고인에게 불리하냐? 유리하지!

그의 손에 있던 판결문을 잡아채서 읽어 내려갔다. 피해자 박홍우의 진술에는 신빙성이 없다고 단정하기 어렵고 피고인의 진술은 선뜻 믿기 어렵다는 이야기가 판결문 곳곳에 언급되어 있었다.

상고기각 후 며칠이 지나 김명호 교수는 석방될 거라 기대했던 자신의 바람과는 달리 의정부 교도소로 이송됐다. 이송된 지 며칠이 지나 찾아갔을 때, 그는 여전히 전투태세를 가다듬고 있었다. 이제 곧 민사재판을 시작할 거라면서 싸움은 이제부터라고 했다.

지금 문제는 박홍우 옷가지라고 제출된 것에 묻어 있는 혈액 검증 및 감정 촉탁 신청인데, 난 그걸 일주일마다 보낼 거야. 〈민사소송법〉 제290조에 "유일한 증거는 증거신청이 부적법하지 않는 한 반드시 조사되어야 한다."라고 되어 있어요. 난 딴 거 안 해요. 난 그것만 할 거야.

언제나 그렇듯 또다시 법 조항을 언급했다. '법대로, 오로지 법대로'를 외치는 김 교수에게 "그럼요."라고 맞장구쳤다. 그게 내가 할 수 있는 전부였다.

의정부 교도소로 이송된 지 두 달 후, 2008년 9월 4일 오후 2시가 가까워져 가자 서울중앙지방법원 별관 8호 법정에 들어가 자리에 앉았다. 김명호 교수가 대한민국(피고)을 상대로 손해배상을 청구한 민사재판(2008가소163612)이 처음 열리는 날이었다. 위법한 증거들을 바탕으로 유죄판결을 내렸으니 국가를 상대로 손해배상을 청구하는 취지였다. 방청석에는 열 명 남짓한 사람들이 들어와 자리를 지켰다. 다들 아무 말이 없었다. 자신들보다 더 많은 빈 의자를 보면서 애써 딴생각을 하는 듯 보였다. 시계가 2시를 가리켰다.

뒷문이 열리는 소리에 모두 고개를 돌려 보니 호송 경관이 포승줄에 묶인 김명호 교수를 데리고 들어온다. 이윽고 박상길 재판장은 아주 굳은 표정으로 입장했다. 원고인 김 교수에게 청구 이유를 보충하거나 부연 설명할 게 있으면 변론해 보라고 했다. 김 교수는 많은 것들을 재판 중에 말하겠다고 했는데, 아마 예전 형사 공판처럼 재판 중에 문제를 제기하고 피고 측을 적절하게 공박하는 그런 설전을 생각한 모양이었다. 하지만 원고의 말이 다 끝나자 박상길 재판장은 "변론 끝났습니까?"라고 물었다. 김 교수는 "네."라고 답했다.

바로 이 "네."라는 말에 변론 기일을 마치겠다고 선언했다. 그리고 속기사를 보면서 "속기를 그만하라."고 재빠르게 지시하고는 김 교수가 더 이상 발언하는 길 허락하지 않았다. 혈흔 감정을 해달라는 신청에 대해서는 증거를 제출하라는 동문서답으로 대응했다. 항의하는 김명호를 향해 판사는 "끝났잖아요! 난 발언 기회도 줬고."라고 말하고는 호송 경관을 보고 "데리고 가세요."라고 명했다.

끌려 나가는 김명호를 향해 방청석에 있던 사람들이 자연스럽게 일어섰다. 그중 유미자 씨가 내뱉은 "존경합니다."라는 말은 재판장의 얼굴을 굳게 만들었다. 재판장은 방청석을 향해 "방청석에 나오신 분들은 어떤 분들인가요? 김 교수와 관계가 있나요?"라고 물으며 불쾌함을 감추지 않았다. 사람들은 재판장을 뒤로한 채 입술을 삐죽거리면서 법정 출입문을 향했다.

법정을 나가서야 사람들은 비로소 닫힌 문을 쳐다보며 "대한민국 국민이 무슨 개 밥그릇으로 보여!"라며 소리를 질렀다. 그 말의 긴 여운은 오랫동안 대한민국 사법부는 누구를 위해 존재하는가 하는 회의감으로 이어졌다. 아, 대한민국 사법부······.

석궁 사건을 보는 시선들

6장

김성순 씨(1958년생)는 서울중앙지방법원 동문 앞에서 김 교수와 일인 시위를 함께했었다. 김 교수는 그녀의 억울한 사건 이야기를 듣고 인터넷에 있는 자신의 일인 시위 일지에 자세히 올리기도 했다.

▎어떻게 일인 시위를 하게 되었나요?

2006년 초에 시작했는데, 그전에 사람들이 하는 걸 봤어요. 그때는 제법 일인 시위 하는 사람이 많았는데 거기에 김 교수도 있었어요. 저는 1심에서 패소하고 2005년 10월, 서울고등법원에 항소했을 때였죠. 2006년 봄에 서울중앙지방법원 동문에서 김 교수와 같이 일인 시위를 했는데 처음에는 피켓에다가 제 사건 번호와 판사 이름을 적었어요. 그런데 판사가 점심 먹으러 나왔다가 자주 마주치잖아요. 그래서 좀 그렇더라고. 다가와서 이야기도 건네고 웃고 지나가기도 하고, 인사도 하고. 그러니까 좀 그렇더라고. 그래서 판사 이름을 지웠어요.

▌ 누가 뭐라고 해서 그랬나요?

아니요. 그런데, "억울한 게 뭐냐?" 이렇게 물어봐 주니까 내 억울한 것을 알아주나 싶잖아요. 그런데 세상 살아 보니 그게 아니더라고요. (웃음) 하여튼 그때 판사 이름을 지우니까 김명호 교수가 나보고 야단했거든요. 저더러 지웠다고 뭐라고 하는 거예요. 그때는 그 의미를 몰랐는데 패소하고 나서야 '아, 그게 아니었구나.' 하고 느끼게 된 거죠.

▌ 왜 그냥 밀어붙이지 못했어요?

살면서 남하고 막 맞닥뜨리고 살아 보지 않아서 그런가……. 그게 그렇더라고. 그리고 소송 중인데, 그런 게 있잖아요. 우리가 억울하다고 하지만 판사하고 직접적으로 싸운다고 좋을 건 하나도 없잖아요.

▎ 판사 이름을 계속 썼으면 승소했을까요?

그건 아니겠지만, 판사가 좀 더 곤란했겠죠. 2007년 1월 15일 김 교수가 석궁을 들고 갔다는 걸 신문을 보고 알았어요. 참으로 안됐다는 생각을 했죠. 얼마나 억울했으면 그랬을까. 김 교수가 석궁 들고 간 것을 욕할 수는 있어요. '교수라는 자가 어떻게 저럴 수 있을까.' 하고. 하지만 나는 내가 겪어 봤기 때문에 심정적으로 이해가 돼요. 그걸 옹호하는 것은 아니지만, 막다른 길에 몰리면 나름대로 그렇게 행동하지 않을까요? 물론 나는 김 교수처럼 그렇게는 못하지. 못하는 게 아니고 어떻게 할 수 있겠어요? 어떻게 누드려 팰 수도 없고, 멱살을 잡을 수도 없고, 사법부를 향해서 내가 어떻게 하겠어요? 여자가. 나는 내 자식이 있어서 내가 단 한 푼이라도 벌어다 줘야 학교를 보낼 수 있는데, 졸업은 시켜야 하잖아요.

▎ 석궁 사건에 대해서는 어떻게 생각해요?

2008년 4월 25일이 법의 날이었는데, 그때 저는 법원 앞에서 삭발을 했어요. 누가 시켜서 한 게 아니고, 김 교수가 석궁을 들고 갈 수밖에 없었던 심정은 제가 삭발할 수밖에 없었던 이유와 똑같다고 생각해요. 김 교수나 나나 마찬가지지만, 우리가 이기느냐 지느냐 가지고 이렇게 억울하다고 하는 거 아니에요. 정상적으로 재판을 진행하면서 따져 주고 넘어갔으면 그런 비극이 없었다는 거죠. 판사들은 법의 수호자라며 침해될 수 없는 신성한 권리를 운운하는데, 솔직히 국민으로서 제대로 재판받을 권리가 우선이고 그게 더 신성한 거 아닌가요? 재판 과정에서 과연 이게 법인가 할 만큼 김 교수도 정말 뛰어넘을 수 없는 어떤 벽을 많이 느꼈을 거 같아요. 석궁 사건이 일어나기 전에 김 교수가 항소심 재판부(박홍우 판사)에다가 "기일 지정 신청서"를 냈어요. 김 교수가 재판 날짜가 계속 안 잡힌다고 얘길 했거든요. 한두 번도 아니고 열 번이나 내고 또 내고 했을 때, 김 교수가 그런 벽을 얼마나 느꼈을까요? 재판이 정상적으로 진행되다가 패소했으면 내가 이렇게 삭발하겠어요? 솔직한 말로, 사회적으로 김 교수는 그래도 교수잖아요. 뭔가 아는 사람도 그런 걸 느끼는데, 그보다 못한 저는 오죽하겠어요? 나도 내 사건에서 법으로 따지자면, 판검사를 고소할 게 천지거든요. 나는 김 교수처럼 재판이 진행되는 중에 재판부를 고소하면 나에게 불리할 거라고 생각해서 못 했어요. 판사 이름도 지웠던 것처럼 말이에요. 삭발한 다음 서울구치소에 면회를 간 적이 있었는데, 잘되고 있냐고 묻기에 "상고했어요." 그랬죠. 그런 저를 많이 답답해하는 눈치더군요.

김보슬 피디는 MBC 〈PD 수첩〉에서 2008년 3월 25일 방영된 "누가 판사를 쏘았나 : 석궁 테러 미스터리" 프로그램 담당 피디였다. 그녀는 2008년 '미국산 쇠고기 광우병'과 관련해, 그 위험성을 보도해 올해의 피디상을 수상했다. 하지만 정운천 전 농림수산식품부 장관과 민동석 외교통상부 전 정책관은 〈PD 수첩〉 피디 및 작가 등 제작진 6명을 명예훼손 혐의로 검찰에 정식 고소했다. 김보슬 피디는 검찰의 소환을 거부해 오다 2009년 4월 15일 검찰에 긴급 체포됐다. 김 피디의 죄명은 명예훼손(정운천·민동석)과 업무방해(수입업자)였다.

> 김 교수에게 가장 고마운 곳이 어디냐고 물으니 석궁 사건을 방영해 준 〈PD 수첩〉이라고 하던데.

우리 애 많이 썼어요. 프로그램 만들 때 석궁 실험도 해야 했고. (웃음)

> 석궁 사건을 다루게 된 계기는 무엇인가요?

피디별로 날짜가 정해져 있는데요. 『한겨레21』에 나온 석궁 사건 관련 기사를 보다가 재판이 굉장히 웃긴다는 생각이 들었죠. 정말 재판부가 횡포를 부리는 것이라면 한 사람 인생이 매장되는 거잖아요. 이러면 안 되지 않겠느냐, 석연치 않은 부분들이 있어서 취재를 시작했죠.

▎ 직접 취재해 보면서 재판에 문제가 있다고 보인 부분들은 무엇인가요?

김 교수는 석궁을 가져갔지만 조준하지는 않았다고 주장하잖아요. 조준해서 쏜 것과 우발적으로 날아간 것은 실형과 벌금을 왔다 갔다 하는데, 저희 〈PD 수첩〉 팀이 석궁 실험을 많이 해봤죠. 그런데 조준해서 쐈으면 박홍우 판사는 정말 뭐라고 해야 하나……. 매우 보기 드물게 운이 좋았던 거죠. 경찰들도 마찬가지로 실험하면서 뭔 짓을 해봐도 박홍우 판사의 상처 같은 결과가 나올 수 없다고 했었어요. 그리고 와이셔츠 상처 구멍에 피가 없는 이유가 박홍우 판사의 어머니가 빨았기 때문이라고 했을 때, 그래…… 빨 수도 있었겠죠. 기술 좋게 팔 쪽에는 혈흔을 남겨 놓고……. 그런 거 다 이해해요. 그런데 왜 혈흔 검사를 못하게 하죠? 또 부러진 화살이 없어진 이유를, 잃어버렸으면 잃어버렸다고 말할 수도 있는데, 정말 웃기는 상황인 거죠. 아무런 설명도 해명도 없이 "난 모르겠는데요." 이게 대답인 거예요. 화살도 개수가 안 맞아요. 한 통에 화살 열 개가 들어가는데, 부러진 화살은 없고 "이거다."라고 대타가 등장했어요. 그런데 멀쩡했어요. 이건 말이 안 돼요. 검찰은 경찰이 만들어 올린 작품을 받아서 기소를 시켰는데, 그렇다 해도 법원은 공정하게 판단을 해야죠. 증거물 자체가 훼손되었을 뿐만 아니라 고의적으로 조준해서 쐈다는 증거 또한 없는데 말이에요. 그런데도 김 교수에게는 왜 그런 실형을 내린 것인가 하는 의문과 함께, 혹시나 재판부가 여기에다가 괘씸죄를 적용한 게 아닌가 하는 생각이 들었죠. 제가 동부지방법원 공보 판사를 만나서 물어봤어요. "법전에 괘씸죄가 있나요?" "그건 없죠." 라고 대답해요. 그래서 "아니, 증거가 부족한데, 이런 증거들을 가지고 그런 판결을 내릴 수 있느냐?"라고 물으니 다른 판사가 판결한 거니 자기는 모르겠다는 거예요.

▌ 취재 중 공보 판사 이외에 만난 판사가 있나요?

박홍우 판사에게는 전화로 요청을 했는데, 본인은 답변하지 않겠다고 했죠.

▌ 판사들이 질의서에 답변하지 않는 이유는 무엇일까요?

답변할 필요가 없거나 답변하지 않는 게 좋거나. 그렇게 생각하는 거겠죠. 특히 언론과의 인터뷰는. 언론사 입장에서는 반론권을 보장해 주는 차원에서 꼭 필요하다고 생각하지만, 판사들 입장에서는 본인 답변이 어떻게 이용될지 모른다고 생각하니 차라리 안 하는 게 좋겠다고 생각할 수도 있을 거예요. 판사들은 개개인의 재판 결과에 대해 논하지 않는다고 알고 있어요. 판사들끼리도 다른 판사 판결을 존중해야 하기 때문에 "너 왜 이렇게 판결을 했냐"라고 묻는 것 자체가 결례고, 있어서는 안 될 일이라고 보죠. 그런데 저희가 방송한 것은 사실 사법부에 대한 판결을 비판한 것이나 마찬가지거든요. 굉장히 조심스럽죠. 나중에 정식으로는 아니었지만 사람을 통해서 항의는 들어왔었어요.

▍ 대한민국에서 사법부를 비판하는 게 쉽지 않은 이유는 무엇일까요?

판사를 비판하는 것과 검사를 비판하는 것은 다르죠. 검찰은 사건이 들어오면 수사해서 죄가 있으면 기소를 하는 기관이고, 검찰이 공소 제기를 하면 판사는 그걸 결정하는 상위 기관이죠. 사법부가 존중되고 독립적이고, 권위가 있어야 그 판결이 힘을 받고 그 판결이 사회를 바로잡는 기본이 되거든요. 우리가 매번 과거에 어떤 판례들이 있는지 뒤져 보잖아요. 이런 것들이 역사에 굉장히 중요한 작용을 한다는 걸 단적으로 보여 주는 거예요. 사회에서 중요한 판단 기준이 되는 거죠. 하지만 석궁 사건에서는 김 교수가 잘했다기보다는 '사법부가 해도 해도 너무한다.' 그런 생각을 했어요. 판사들이야 판결 봉 세 번만 두드리면 되지만, 한 사람의 인생이 걸린 일이잖아요.

▍ 김 교수가 석궁으로 항의한 것은 어떻게 생각하세요?

제가 보기에는 김 교수도 잘못은 하셨어요.

▎ 어떤 잘못을 했을까요?

그래도 부장판사예요. 판사 개개인이 하나의 독립된 법원이라고 생각하잖아요. 그럼 법원에 테러를 한 거예요. 그건 잘못한 것인데, 이 재판은 김 교수가 석궁을 들고 부장판사의 집까지 찾아간 그 부분만 논하지 않고 그걸 벗어났다는 생각이 든다는 거죠. 김명호 교수가 차라리 "난 잘못한 게 없다."라고 말할 게 아니고, "뉘우친다", "반성한다." 이거 한마디만 했으면 실형은 살지 않았을 거라고 생각해요. 자기는 죽어도 잘못한 게 없다고 빡빡 우길 일은 아닌데, 그게 안타까운 거예요. 판사들은 자존심이 세고, 하나의 법원이라고 생각하는데, 서기에 내든 거니까요. 사람들은 잘 몰라요. 겪어 봐야지 '법원이 권위가 있구나.' 하고 알죠. 아무리 법원장 회의(1월 19일)를 해서 김 교수를 엄단하겠다고 했지만, 재판부에 현출된 증거들이 가리키는 방향을 본 판사들이 양심에 따라 판결을 내렸다면, 아무리 사법부에 대한 엄중한 도전이더라도, 김 교수가 "잘못했다."고 하는데 그 정도의 4년 실형을 때릴까요? 그게 정말 안타까운 거죠. 김명호 교수 본인은 원칙대로 살아간다고 이야기하지만, 세상사라는 게 그렇지 않잖아요. 예를 들어 장 발장이 빵을 훔쳤어요. 춥고 배고파서 19년 감옥살이 하게 된 현실은 냉혹하지만 그 비참함은 다 이해한다고요. 김명호 교수가 "제가 너무나 억울해서 그랬다. 석궁을 들고 가서 죽일 마음은 없었다."라고 하면서 좀 고분고분하게 뉘우치는 그런 모습을 보였으면 판사들도 다르게 판결할 수 있지 않았을까 생각해요. 그 부분이 제일 안타까웠고 정말 잘나가는 수학 교수였는데 인생이 이게 뭐예요? 감옥에 가고. 제가 겪어 봐서 아는데, 유치장 한 번 들어갔다 온 것도 굉장히 치욕스럽고 자존심 상하고 이루 말할 수가 없어요. 그 자존심 무너지는 게 정말 말로 표현할 수가 없어요. 김 교수는 그래도 잘나가던 수학 교수인데, 오죽했겠어요. 저는 김 교수님이 참으로 올곧은 사람이라는 것은 알겠는데, 이분이 재판부에다가 빡빡 대들고 투쟁하는 모습들이 그런 판결이 나오는 데 한몫을 했다고 생각해요. 아무리 재판부가 독립됐다 하더라도 지극히 주관적인 판단이 개입할 수밖에 없는 일이에요. 다만 그 주관에 자신의 감정 같은 것을 배제하기 위해 여러 가지 증거물들을 보고 판단하라고 그런 장치들을 갖추는 거지만.

> 모든 걸 법대로만 하면 된다는 김 교수 생각에 대해서는 어떻게 생각하세요?

법이라는 게 '1+1=2'가 아니잖아요. 거기에는 가중처벌이 들어가고 정상참작이 있고 선처라는 게 있는 거예요. 이런 것들을 김 교수 본인이 받아들였으면 좋겠어요. 자신이 잘못한 부분은 인정하는 식으로 서로 타협을 하면 되는데, 사람들은 보통 타협이라는 단어에 대해 거부감이 있어요. 그런데 보면 타협은 밀실에서 만들어 온 그런 의미가 아니거든요. 그냥 합리적인 상호 수용, 이런 것들이 필요한 거예요. 김 교수 기준에서는 합리적인 타협이라는 건 없고, 법과 원칙에 어긋나면 굴복하는 것이라고 생각하는 듯한데, 정말 인생을 힘들게 사는 거예요. 왜 그렇게 인생을 힘들게 살아야 하는지. 이렇게 안 했어도 될 일이었다니까요. 물론 이 사회에는 김 교수 같은 분도 필요하지만 나이가 들면서는 가족을 챙겨야 하는데 그런 것까지 포기하면서 남는 것이 무엇인가, 좀 더 쉽고 효율적인 방법이 있을 텐데. 다른 것을 생각 안 하시는 게 참 안타깝죠.

▍김보슬 피디 역시 최근 검찰에 체포돼서 소환 조사를 받았는데, 그런 일을 겪으면서 어떤 생각을 했나요?

대한민국은 민주주의 사회, 삼권분립이 존재하는 사회잖아요. 입법부·행정부·사법부가 각기 독립된 기관이어야 하는데 이번 정권에 와서는 삼위일체가 됐다는 생각이 들어요. 입법부는 행정부가 원하는 대로 일사불란하게 움직이고, 사법부도, 신영철 대법관의 촛불 재판 압력 파문에서도 볼 수 있듯이, 행정부가 원하는 대로 하는 게 나타나잖아요. 위험한 현상들이죠. 정부가 도심 집회를 전면 불허하겠다고 했을 때는 경찰국가라는 생각이 들더군요. 헌법을 무시하는 오만에서 오는 행동들이라고 봐요. 그리고 이런 위험한 상황에서는 과거에 있었던 간첩 조작 사건들이 다시 시작될 수도 있고, 심명호 교수 같은 케이스를 마음만 먹으면 만들 수 있는 거예요.

▎ 김보슬 피디 사건은 어떻게 진행되고 있나요?

검찰 조사는 끝났고 기소를 기다리고 있는 중이에요. 저는 검찰에서 소환을 했는데 안 나가니까 체포돼서 조사를 받았죠. 명예훼손이랑 업무방해 혐의인데요. 명예훼손은 정운천 씨랑 민동석 씨 개인이 걸었어요. 검찰은 이게 죄가 된다고 생각해서 조사를 한 것인데, 그전에 임수빈 검사가 수사를 하다가 이거는 죄가 안 된다고 싸우고는 옷을 벗었어요.

▎ 김보슬 피디가 기소되는 것은 기정사실화된 것인데, 법원으로 갔을 때 검찰과는 달리 판사에게 갖고 있는 기대가 있나요?

기대를 하는 게 맞고, 사법부의 그 판단을 존중해야 할 것은 같은데……모르겠어요. 하도 세월이 수상해서. (웃음) 하지만 법정에 나가서 "아, 판사님 우리가 생각했을 때는 그렇지 않습니다."라고 제가 죄가 없다고 열심히 설명해야겠죠. 속으로야 "과연 이 판사가……" 하며 반신반의하겠지만. 그래도 법정에서는 재판부를 향해 "올바른 판결을 내려 주실 거라 믿습니다."라고 반드시 이야기해야겠죠. 그게 상식적인 사회이고 이게 사회에서 국민들이 갖고 있는 판사에 대한 일종의 기대치 아닌가요.

❙ 김보슬 피디는 언론의 주목을 많이 받아 검찰이 체포해도 그날 풀어 주었는데, 없는 사람은 그렇지도 못하지 않습니까?

제가 언론인이어서 구속하지 않았다고는 생각하고 싶지 않네요. 물론 사전 구속영장을 청구할 수도 있었겠죠. 저도 거기에 대비를 했고요. 언론인의 특권에 대해 묻고 싶은 거라면 그런 게 완전히 없다고는 말 못할 것 같네요. 군사독재 시절에나 있던 언론인 구속, 체포 같은 일들이 현 정권에서 공공연히 일어나고 있는데, 이런 일들은 원래 있어서는 안 되는 일들이에요. 단, 공익을 위해서였을 때이지만요. 언론인들이 개인의 이익을 위해 보도를 한 설과 피해를 입혔나거나 도박·사기 등 범죄를 저질렀다면 처벌받는 게 당연하겠죠. 하지만 지금 이 사건은 공익을 위해 보도했을 뿐인데, 정부를 비판했다고 조사받고 체포되는 일까지 일어났어요. 권력 남용인 거죠. 저희가 사회적 약자를 위하고, 비리를 폭로하기 위해 쫓아다녀야 하는 사람으로서 어느 정도 하는 일의 중요성과 특권 간에 그런 힘의 균형이 필요한 것 같아요. 판사도 그런 중요한 일을 하니까 존중받아야 하고 보호받는 게 필요한 것처럼요. 물론 최소한이죠.

정영진 판사(1958년생, 사시 24회, 연수원 14기)는 서울중앙지법에 재직하던 2007년 2월 20일, "석궁 테러 관련 : 이용훈 대법원장의 거취에 대한 결단을 촉구하며"라는 글을 시작으로 3월 5일까지 모두 다섯 차례 법원 내부통신망에 이용훈 대법원장을 비판하는 글을 올려 파문을 일으켰다. 정영진 판사는 "오죽이나 사법 불신이 심했으면 일부 국민들이 판사를 석궁으로 테러한 사람을 옹호하겠는가"(20일 글)라고 말했고 "그 충격은 너무나 커서 마치 홍두깨로 뒤통수를 맞은 것과 같았고 …… 법관을 테러한 자를 옹호하는 사람들이 많이 있을 수 있다는 것은 상상도 못하였"(22일 글)다며 이런 사법부 불신의 원인으로 이용훈 대법원장을 지목했다. 그를 둘러싼 의혹들을 해명하지 못한다면 대법원장직에서 사퇴해야 한다고 주장한 것이다. 정영진 부장판사의 글에 대해 부산지법 문형배 판사(1965년생, 사시28회, 연수원 18기)는 20일에 "정 부장님 누구를 위하여 이 글을 올리셨습니까?"라며 반대 입장을 내놨다. 문형배 판사는 정영진 판사가 제기한 문제들을 하나씩 반박하면서 다음과 같은 우려를 나타냈다. "정 부장님이 공감한 대로 지금 법원은 매우 어려운 처지에 있습니다. 석궁 테러를 당해도 피해자인 판사를 동정하기는커녕 가해자인 소송 당사자를 동정하거나 지지하는 여론이 상당할 정도로 말입니다. 이런 판국에 정 부장님이 올린 글이 어떤 해결책을 제시해 주는 것인지 궁

금합니다. 오히려 뚜렷한 근거 없이 법원을 비판하던 사람에게 구실을 하나 더 제공하는 것은 아닌지 걱정스럽습니다." 이상의 사례가 보여 주듯, 석궁 사건이 발생한 후 여론이 피해자가 아닌 가해자로 알려진 김 교수를 동정하자 판사 사회는 적잖은 충격을 받았다.

당사자 가운데 한 명인 부산지방법원 문형배 부장판사를 만나 이런 사법부 불신에 대해 가감 없이 이야기를 나눠 봤다(2008년 1월 29일 오후 6시 부산지방법원 12층 판사실에서 인터뷰했다).

▌ 사법부 불신에 대해 어떻게 생각하시나요?

『연합뉴스』에 재미있는 결과가 있는데요. 권력기관에 대해서 1996년과 2006년에 국민 신뢰도를 각각 조사한 게 있어요. 1996년도에는 법원 신뢰도가 70퍼센트였는데, 2006년에는 48퍼센트밖에 안 돼요. 그런데 법원만 그런 게 아니고 다른 기관들도 추세가 그래요. 신뢰도가 더 내려간 거죠. '국민들의 기대가 높아진 만큼 권력기관이 따라가지 못해서 그렇게 됐겠다.'라는 생각도 해보고요. 그것은 변명조고, 또 2006년 12월 26일에 한국개발연구원이 "사회적 자본 실태 종합 조사"를 했어요. 10점 만점에 모르는 사람이나, 처음 만난 사람 신뢰도가 4.0이랍니다. 그런데 법원의 신뢰도가 4.3입니다. 심각한 거죠. 그렇다면 '과연 4.3이라는 낮은 신뢰도를 보일 만큼 법원이 잘못을 했는가?'라고 했을 때 저는 그렇지 않다고 생각합니다. 하지만 이런 결과가 나오는 데는 법원의 책임이 있다고 봐요. 그게 뭐냐? 법원의 부정적인 면은 노출되고 긍정적인 부분은 감춰져 있는 거죠. 그럼 그 부정적인 부분이 뭐냐? 그런 경우 화이트칼라 범죄, 공무원 뇌물죄, 정치인들의 비리 행위, 재벌 범죄들 이런 데 대해서 때로는 온정주의적인 판결이 있죠. 그런 판결들은 모든 신문과 방송을 타요. 그것도 한 번 하는 게 아니고 두 번, 세 번 하거든요. 그런데 그런 사건들은 법원에 있는 사건의 0.1퍼센트도 안 돼요. 그 나머지 99퍼센트에 대해 균형 있게 봐주면 좋겠는데……. 그 부분에 대해서도 부족함이 많습니다만, 어쨌든 낯선 사람을 만났을 때만큼의 신뢰도라는 부분에 대해서는 너무 섭섭해요.

> 그럼 방송에 나올 만한 0.1퍼센트에 속하는 사건에 대한 판결을 잘하면 되지 않나요?

가령 다 그런 것은 아니지만, 서울고등법원 판결들도 잘 보면 고위 공무원, 정치인에 대해서도 엄단한 게 있습니다. 예를 들면, 김재록 씨는 서울고등법원에서 2007년 9월 7일 법정 구속됐잖습니까. 그런데 보도된 거 보세요. 세 줄 정도밖에 없어요. 왜 그러냐, (강하게) 그건 당연한 거예요.

▌ 당연하다?

당연한 겁니다. 그런데 지금 국민이 법원을 굉장히 불신하는 상황이라면 잘하는 부분과 못하는 부분을 좀 균형 있게 보도해야 할 필요성이 있어요. 전 법원이 한 만큼만 평가를 한다면, 법원 신뢰도가 4.3밖에 안 될 거라고는 보지 않습니다. 예를 들어, 사법 개혁을 요구했던 것들이 많았는데, 대법원은 큰 틀에서 모두 받아들였어요. 사법 개혁을 요구했던 단체들이 하나같이 주장했던 게 로스쿨이잖습니까. 로스쿨은 1995년부터 이야기가 나왔던 건데, 그동안 지지부진했던 이유가, 대법원이 시기상조라며 반대했기 때문이에요. 그런데 참여정부 들어 대법원에서 찬성했습니다. 국민 참여 재판 찬성했고, 양형 기준제 찬성했고. 대법원이 개혁에 대해 반대한 적이 없거든요. 다 찬성했습니다. 대법원 구성 다양화, 그것도 받아들였지 않습니까. 대법관 제청을 받고서 광주의 5월 영령의 넋에 대해 입에 올린 분이 계십니까? 전수안 대법관님은 그렇게 말씀하셨거든요. 그리고 최근 5년 사이에 여성 대법관님이 두 분이잖아요. 지금까지는 한 분도 없었거든요. 변하고 있다는 증거들이죠. 이렇게 대법원이 큰 틀에서 개혁을 반대한 적은 없어요. 이용훈 대법원장님이 언제 "화이트칼라 범죄에 대해 선처해라."라고 말한 적 있습니까? 국민 섬기라고 했지, 국민을 다스리라고 한 적 없거든요. 법원을 개방하라, 열려 있는 사법을 하라고 대법원장님이 다 말씀하셨고, 법원을 수시로 돌면서 점검하거든요. 이미 방향을 다 잡았고 실천을 하고 있어요. 그런 것들도 같이 봐줬으면 좋겠어요. 최근 들어 대법원에서도 홍보의 중요성, 홍보를 우리가 표현한다면 '소통'인데, 공보 기능을 상당히 강화했거든요. 예전에는 법원이 잘한 게 있으면 보도해 주기를 기다리는 그런 정도였는데, 이제는 때로는 자료를 제공하기도 하고, 취재를 하면 상세하게 설명해 주기도 해요. 또 법원의 이미지를 개선하기 위해 이용훈 대법원장님이 사회봉사 활동을 참 많이 해요. 그거에 영향 받아서 각급 법원에 봉사 모임이 만들어졌어요. 부산에도 봉사 모임이 있는데 무료 급식도 하고 양로원도 가고, 재활 시설도 가고, 뭐 이렇게 봉사하고 그래요. 그걸 통해서 결코 '법관'이란 게 국민의 애환을 전혀 모르는 사람이 아니라는 것을, 물론 다 알지는 못하지만 알려고 노력을 한다는 거죠.

> 차라리 그 시간에 소송자료를 잘 검토해서 판결에 힘을 쏟는 게 좋지 않을까요?

봉사 활동이 필요하죠. 판사들도 사회에 대해 모르는 게 있는 것 같아요. 책이나 언론을 통해 세상을 안다고는 하지만……. 그래도 아직은 모르는 게 많은 것 같아요. 그래서 봉사 활동을 하다 보면, 다른 사람을 만나 그들의 처지가 얼마나 어려운지를 알게 되고, 그러다 보면 나아지지 않겠나. 그런데 그게…… 한계가 뭐냐면, 사람은 만나서 서로에게 영향을 줘요. 내가 그 사람에게 영향을 주기도 하지만, 그 사람도 나에게 영향을 주거든요. 그런데 법관은 이익을 교환할 게 없어요. 또 그렇게 해서도 안 되고. 판사가 이익을 교환할 게 뭐 있습니까? 그래서 판사들은 밖에 있는 사람을 안 만나려고 해요. 그러다 보니 세상 물정 모르게 되고, 그래서 판결에 부족함이 오게 되고……. 예를 들어, 향우회에 한두 번 나간 적이 있어요. 10년 전에 간 게 마지막인데, 향우회에 갔다 오면 청탁 전화가 더러 와요. 참 괴로워요. 들어주지도 못할 거 들어주겠다 말하는 것도 거짓이고, 들어주지 않을 거면서 예의상 들어줄 것처럼 하는 것도 거짓이고. 하여튼 판사 나름대로 어려운 점이 많아요. 오랫동안 안 만나다 만나면 청탁인데, 그걸 거절하면 그 사람하고는 관계가 굉장히 멀어져요. 그러다 보니 관계가 단절되고, 남는 것은 보이지 않는 불신 아닙니까. 판사들은 호화로운 주택에, 유명 인사들과 교류하면서, 생활의 곤궁 없이 살아갈 거라고들 보지만, 부장판사들 중에는 아직 집이 없는 사람도 있어요. 집 없어서 변호사 개업하는 사람도 있고 물론 애환의 강도는 좀 다르겠지만. 국민의 삶과 판사의 삶이 완전히 다른 것은 아니죠. (작은 목소리로) 물론 난 집이 있어 그런 말 할 자격은 없겠지만.

▌ 석궁 사건에 대해서는 어떻게 생각하세요?

일단 재판에 대해서는 진행 중인 사건이니까 말은 삼가겠고, 여론조사를 보면 피해자를 두둔하는 것보다 김명호 교수를 지지하는 쪽이 많았거든요. 저는 적어도 법관을 동정해 줄 줄 알았어요. 직무 수행하다가 그렇게 된 거니까. 일단 법관을 동정하고, 그다음에는 김명호 교수께서 왜 그런 일을 했을까, 그렇게 생각할 줄 알았거든요. 그런데 제가 포털 사이트를 검색해 본 결과, 그게 전부는 아니겠지만, 피해자보다 김명호를 지지하는 사람이 많은 걸 보고 '아, 우리가 가야 할 길이 멀었구나!' 하고 깨닫게 됐어요. 아까도 말했지만 법원 신뢰도가 4.3이라는 것은 불신한다는 거죠. 그리고 판사실로 올라올 때 '스크린 도어' 보셨죠? 판사가 테러를 당했지 않습니까. 그래서 스크린 도어를 설치했는데요, 저거 설치하는 데 돈 많이 들었어요. 실제로 판사들 중에 테러를 당한 사람이 의외로 많습니다. 뺨 맞은 사람, 지팡이로 탁자를 두들겨 대는 경우도 있고, 저 같은 경우는 전화로 협박 받은 경우도……. (무슨 전화였냐고 묻자) "애 안 키우냐?"라고…… 두 번 받았어요.

▌ 법원 정문에 있는 일인 시위자를 보면서 무엇을 느끼시나요?

소크라테스의 『대화』에 보면 "설득에는 협력자가 필요 없다."라는 말이 있거든요. 폭력에만 협력자가 필요할 뿐이라고. 물론 사법 피해자 모임에 있는 분들 중에는 자신들은 정말 억울한데, 왜 법원이 그 사건을 낱낱이 파헤쳐 주지 못하냐고 하시는 분도 있을 겁니다. 그런데 법원에는 조사 기능이 없잖습니까. 법원은 증거에 의지해야지 추측만으로 판결하지 못하도록 법으로 강제를 받았잖습니까. 다른 사건들은 모르겠지만, 제가 사건 처리한 경험에 의하면 증거가 너무 없어요. 일인 시위 그거 대단한 에너지인데 그 시간에 실낱같은 증거를 찾으러 가야지, 왜 그 에너지를 낭비합니까. 그리고 그중에 일부는 피켓에 인격을 모욕하는 내용이 많아요. 제가 볼 때는 근거가 전혀 없어요. 가령 '모 부장판사가 거대 기업 삼성으로부터 돈을 먹고 얼토당토않은 판결을 했다.' 이런 거거든요. 그런데 삼성이 이기면 무조건 삼성으로부터 부정한 돈을 받았다고 할 수 있겠습니까? 그런 식이에요. 그런 식으로 나오면, 판사가 어떤 식으로 하란 말입니까? 전체를 드러내는 증거는 없죠. 극히 일부를 드러내는 증거를 내고 그것보다 더 필요한 것은 암시를 하고, 그리고 지혜를 모아 찾아보는 그런 고난의 길을 가야 하는데, 그 첫 관문에서 판사에 대해 단정적인 견해와 감정을 표출하면, 그다음 길로 갈 수 없는 것 아닙니까. 일부 사법 피해자들은, 늘 일부입니다만, 좀 상당히 유형력을 행사하는 분들이 있거든요. 판사실에 찾아와서 고함을 지른다든지, 폭행하고 그런 사람도 있는데, 그럼 뭘 어떻게 하자는 겁니까? 그런데 저도 고소당한 적이 있지만, 고소해 놓고 나서 자기 억울함 풀어 달라는 말을 할 수 있습니까? 자기주장이 옳고 진실하면 화를 낼 필요도 없고 흥분할 필요도 없어요. 재판 중에 극히 일부라도 증거를 댄다면, 법관이 그걸 들어서 할 수 있는 데까지는 해볼 겁니다. (강하게) 법관이 하는 일이 그것인데, 왜 법관이 그걸 외면하겠습니까?

▌ 언제 고소를 당했나요?

2006년도 창원지방법원에서 직권남용으로요.

▌ 사유는요?

자기가 해달라는 증거신청을 해주지 않았다는 건데, 전 해달라는 거 다 해줬거든요. 피고인이 증인을 불러 달라고 했어요. 원래는 서류로 송달해서 부르지 전화라는 방법은 잘 안 쓰는데, 전화번호를 적어 내라고 해서 그 번호로 전화를 해서 불렀단 말이죠. 불러 주고 말 다 들었어요. 그리고 유죄 인정하고 징역 7년을 선고하니까 법정에서 온갖 욕설을 다 했어요. 다 참았어요. 그런데 며칠 있다가 고소당했다며 검찰청에서 서류가 왔어요.

▌ 판사 기피 신청은 몇 번이나?

전 많이 당했어요. 경력 19년간 7~8회. 작년에도 당했어요.

▎ 어떤 분들이었나요?

그분들은 합리적으로 하는 것 같을지 모르지만, 제가 당한 경험을 중심으로 말하면, 원고가 증거를 제출할 책임이 있어서 원고에게 증거를 제출하라니까, 왜 자신에게 그런 일까지 시키느냐며 시비가 붙는 거예요. 두 번째는 사건의 원고가 이 재판을 민사 5, 6, 7, 8, 9부 중에 한 부에 배당하라는 겁니다. 그래서 이건 2심이라 민사 1, 2, 3부에서 해야 된다고 말하니까 기피 신청을 한 거예요. 그분은 민사 항소심은 믿을 수가 없대요. 또 저를 보자마자 기피 신청을 한 분도 계세요. 그럼 내 뭐라고 대답합니까? 뭐 한마디라도 하고 기피 신청을 해야지……. 주로 '기피 신청'은 불만족이에요. 가령 자기가 증거 신청하는 것에 대해서 기각한다고 하면 기피 신청을 내거든요. 그런데 증거 채택을 결정할지 말지는 재판부가 하는 거예요. 거기서 나온 결과가 불만이면, 항소하는 거죠. 증거신청을 기각하기 때문에 당신 재판 못 받겠다고 하는 것은 기피 신청의 제도 취지와 안 맞는 거예요. 물론 제가 말을 좀 직설적으로 하는 편이거든요. 당사자가 하는 말을 듣고서 인내를 가지고 설명을 하는데, 한두 번 하다가 못 알아들으면 설명을 포기해 버리거든요. 포기해 버리니까 자기는 좀 불만스럽다는 거고, 또 하나는 증거 채택 여부가 법관에게 있다고는 하나 소송 당사자들이 증거를 신청할 때, 그 사람들이 왜 이걸 신청하려 할까? 두 번 세 번 생각해 보고 난 후, 증거를 채택할 수도 있는 건데······. 물론 다소 성급하게 생각하는 부분도 있긴 하죠. 그리고 법관을 20년 하시면서 기피 신청을 한 번도 안 당하는 분도 있습니다. 그런 분과 저를 비교해 보면, 제가 상대방에 대한 배려가 부족한 게 아닌가, 그리고 기피 신청 받은 사건 중에서 반성하는 사건도 있고.

▎ 판사라는 직업을 어떻게 보시나요.

판사의 직업병은 특히 형사사건에 드러나는데요. 어떤 사건에는 잠을 못 자요. 그 사건 결론이 맞나 안 맞나 생각하다 보면 잠이 안 오는 거예요. 한 예로 살인죄를 저지른 사람이 있었어요. 2심에 와서 무죄판결을 받았는데 만약 유죄면 무기징역이에요. 무기징역이거나 무죄인 거죠. 이걸 결정하는 사람이 세 명의 판사란 말이에요. 우리 세 사람의 결정으로 한 사람이 무죄가 될 수도 있고 무기징역이 될 수도 있지 않습니까. 우리에게 주어진 짐이 너무 크지 않습니까. 판결문은 다 썼는데 잠도 안 오고, 자다가 다시 깨고, 밥도 잘 안 넘어가고······. 사건이 늘 그런 건 아니지만 더러 있어요. 너무 괴로워요. 그럴 때는 이런 사건 다른 사람이 해줬으면 하고 생각하죠. 밖에 있는 사람들은 뭐 '판사가 무기징역도 할 수 있고 무죄로도 할 수 있으니 그게 권한 아니냐.' 이렇게 생각할 수도 있겠지만, 판사 중에 그걸 권한이라고 생각하는 사람이 있을까요? 그건 책임이에요, 책임. 책임이 너무 크기 때문에, 아까 말한 대로 불공정한 의심을 받아서도 안 되고, 부패했다는 의심을 받아서도 안 되는 거죠. 그러니까 국민들이 요구하는 판사 생활을 하려면요, 제가 볼 때는 신부하고 승려하고 똑같아야 해요. 그런데 판사가 신부하고 승려처럼 사는 게 얼마나 힘듭니까. 그런데 그렇게 안 하면 국민의 요구를 충족시켜 줄 수가 없죠. 어려운 이야기예요. 어려운 건 아는데, 가끔 전혀 하지도 않았는데도 오해 받게 되면 섭섭하죠. 지금도 판사가 변호사에게 돈 받는다고 국민 다수가 생각한다면 저로서는, 참, 법관들이 무엇으로 버틸 수 있을지 그런 생각이 들어요. 만약 돈을 받는데, 돈을 받고 있다고 생각한다면야 뭐라 할 수 없는 거지만, 돈을 안 받는데 받고 있다고 생각하니까요. 판사가 돈 안 받는 걸 어떻게 입증할 거예요? (신문을 펴보이며) 여기 『내일신문』의 "금품수수 판사 2년간 철창 행" 기사 보세요. 그러니까 이런 사건이죠. 손 모, 조 모, 하 모 전직 판사 세 명이 들어갔거든요. 돈 받아서. 그럼 사람들이 "맞네." 그러거든요. 지금 법관이 2천 명인데, 그 2천 명 중에 '다수는 돈을 안 받겠지.'라고 생각해 줄 수도 있지 않나요? 어떤 조직이든 1백 퍼센트 완벽할 수는 없는 거잖아요. 미국에도 이런 사건이 있지만, 그렇다고 해서 미국 국민들이 미국 판사들을 다 부패했고 불공정하다고 생각하지는 않지 않습니까.

▎ 변호사를 통해서 금품을 줄 수 있지 않을까요?

변호사가 의뢰인에게 판사를 접대한다는 명목으로 수임료 외에 돈을 받는다면 그 자체로 변호사법 위반으로 처벌받게 돼있거든요. 그런 변호사가 돈 가져오라고 할 때 녹음하셔서 고발 좀 해주세요. 그럼 판사와 대질하면 되잖아요. 제가 만나 본 판사들 다수는 청렴하고 유능하고 성실했어요. 제 경험상 그랬다는 겁니다. 제가 본 분들만. 청렴하다는 것은 '선물이나 부정한 대가를 받는 게 없다'는 뜻이에요.

▎ 계좌 추적이라도 해보고 하시는 판단인가요?

아니오. 하지만 일하는 사람과 연관된 사람이 보낸 것은 부정하다 단정할 수 있겠지만, 그렇지 않은 선물은 받을 수 있겠죠. 대기업에 다니는 동창생들에게는 명절 때 아는 사람에게 보내라고 LG 비누 세트 그런 게 나온답니다. 그런 거 보내오면 저도 받고. 그런데 변호사랑 술 먹고 봐주고, 그런 건 없는 거 같거든요. 옛날에 선물 내지 전별금 정도는 있었어요. 그러니까 사법부에 대한 국민 신뢰도가 78퍼센트였던 10년 전에는 그랬어요. 제가 보기에는 10년 전이 더 문제가 많았던 것 같고 지금이 문제가 적은 거 같은데, 신뢰도는 거꾸로 되어 있다고 하니까 답답하거든요. 물론 실제 문제가 없다는 게 아니라 제가 문제를 본 적이 없다는 뜻이에요. 제가 작년부터 일주일에 몇 번 버스를 타고 다니거든요.

자가용으로 출퇴근하는 것보다 버스가 참 재미있어요. 옛날보다 대중교통이 참 좋아졌더군요. 다들 그렇게 생각할 거예요. 그러니 속상하죠. 법원에 대해서는 그렇게 생각 안 해주니까.

최갑수 교수는 서울대에서 서양사를 가르치며 교수노동조합 결성을 주도했다. 석궁 사건 대법원 상고 후, 교수노동조합 교수들이 주축이 돼, 김명호 교수 석방과 사법부 개혁을 촉구하는 일인 시위를 5월 7일부터 대법원 선고 날인 6월 12일 아침까지 했는데, 최갑수 교수는 5월 19일, 여덟 번째로 나와 일인 시위를 했다.

▌ 우리나라 법에 대해 어떻게 생각하시나요?

인간 행동을 예측 가능하게 만드는 게 법의 가장 중요한 기능이에요. 그래야 사회 시스템이 돌아갈 수 있죠. 그런데 법은 두 가지 성격을 가져요. 하나는 현실을 반영하고 변화가 생기면 그것에 입각해서 현실을 법제화하는 게 있고 또 하나는 현실을 바꾸려고 법을 만드는 게 있죠. 우리 사회는 출발부터 일본이 식민 지배에 맞게끔 해놨어요. 출발부터 사회적 현실과 법적 현실 간에 괴리가 있었어요. 해방 후 미국이 들어올 때는 미국적 법률처럼 또 뒤집어 씌웠어요. 그러다가 4·19혁명이 터졌는데, 4·19혁명은 새로운 이념을 제시한 게 아니라 기존 헌법 체계에 맞게끔 운영을 하라는 거예요. 헌법에는 언론의 자유를 다 보장하고 있었는데 실제 적용이 안 되었으니까요. 그런 의미에서 4·19는 보수적인 성격을 가졌어요. 그럼에도 불구하고 새로움이 있는 거죠. 법적 현실의 문제를 그런 식으로 제기한 적이 과거에는 없었으니까요. 지금도 그래요. 법이 현실을 반영하는 게 아니라 법적 현실과 사회적 현실이 괴리된 측면이 많아요.

어떤 부분이 괴리된 측면일까요?

우리가 민주화를 해나가는 과정에서 법 자체도 많이 다듬어졌지만, 법이 기본적으로 깔고 있는 건 일본이 식민 지배를 원활하게 하기 위해 들여온 시스템인 게 많거든요. 우리나라 법체계의 근본에는 폭민관이라는 시각이 있죠. 백성을 폭도로 보는 관점이 근본적으로 깔려 있어요. 보세요, 〈국가보안법〉이 철폐되지 않잖아요. 세상에! 국민이 주권자이고 주인임에도 이 주인을 폭도로 보는 사고방식이 깔려 있어요. 심각한 문제죠. 법조계에는 이런 문제의식이 별로 없어요. 대법원이 변하고 있긴 한데 여전히 사회 변화를 쫓아가지 못하는 거죠.

▌ 일인 시위에 참여한 이유는 무엇인가요?

부당하니까요. 김명호 교수가 겪고 있는 현실이 부당하니까요. 김명호 교수가 하는 싸움의 방식은 미묘한 부분이 있어요. 우리나라에서는 아직까지 법원에서 시시비비를 다툴 수밖에 없잖아요. 싸움의 양식이라는 것은 법원에 호소하는 방식이어야 하는데, 김명호 교수는 법원 자체를 치고 있거든요. 어찌 보면 본인은 이길 수 없는 싸움을 하는 것일 수도 있지요. 내가 김명호 교수라면 다른 방식으로 싸웠을 것 같아요. 하지만 김명호 교수의 그런 마음은 내가 이해를 하죠. 김명호 교수는 한국 현실에 대해 약삭빠르지 못한 사람이거든요. 차라리 그랬으면 자기 살길 찾았을지 몰라요. 자기 체면 차리면서 성균관대 수학 교수로 살아남았을지 모르죠. 그렇지만 나는 진실이라는 걸 알고 있고……. 해방 50년간 이런 식으로 사라져 간 사람이 굉장히 많아요. 김 교수는 그 엄청나게 많은 사람들의 한을 대변한다고 볼 수 있고, 우리는 김명호 교수를 통해 현대사의 기막힌 한 부분을 보고 있는 거예요.

임정자 씨(1943년생)는 사법 피해자다. 그녀는 1993년 예기치 않은 구속으로 유죄판결을 받았다. 이야기를 듣다 보면 『몽테크리스토 백작』이 떠오른다. 주인공 에드몽은 반역죄로 몰려 외딴 섬에 유배되었으나 탈출에 성공해 16년 만에 몽테크리스토 백작으로 돌아온다. 그리고 16년 전 억울한 누명을 씌운 자들을 향해 돈의 힘을 이용해 복수한다. 하지만 임정자 씨는 오직 법을 통해 자신에게 누명을 씌운 6명 모두를 모해위증죄로 실형을 살게 했다. 그리고 이 확정판결을 바탕으로 2006년 6월 30일 재심(2002재고단2)에서 1993년 구속의 근거가 됐던 '사기/무고'에 대한 무죄판결을 받았다(그녀의 이야기는 2011년 출간된 『법과 싸우는 사람들』에서 다룬 바 있다). 임정자 씨는 김 교수가 일인 시위를 할 당시 인터넷에 올린 글들을 읽었다고 한다. 사건이 터지고 나서는 김 교수의 전 재판을 지켜봤다. 항상 재판을 보고 나올 때마다 혼잣말로 "재판장과 싸워서 감정을 상하게 할 필요는 없는데……."라고 중얼거렸다.

▎ 그렇게 말했던 이유는 무엇인가요?

김 교수는 사법부의 잘못된 부분들을 고치겠다고 하는 건데, 개인이 어떻게 사법부를 바꾸죠? 나는 내 사건을 해결하고 싶은 게 목적이에요. 판검사들이 법을 무시하는 걸 분노할 시간에 이런 현실에서 상황을 어떻게 타개해 갈지 그걸 연구하는 데 시간을 바쳐, 약간의 실익이라도 건지는 게 낫지 않을까요? 사법부 이외에 나는 무죄판결을 받을 수 있는 곳이 없어요.

▎ 김 교수를 보면 옛날 모습이 떠오른다고 했는데?

제가 경험을 해보니까 죄를 안 지었어도 "잘못했습니다." 한마디 않고 끝까지 버틴다는 것은 현실적으로 쉬운 게 아니에요. 제가 교도소에 들어갔을 때 어떤 여자가 있었는데 저와 마찬가지로 죄를 안 지었어요. 그런데 집에 지금 젖 줄 애기 있지, 남편 있지, 직장 다니지, 그런 상황에서 "잘못했습니다." 한마디 하면 바로 석방되거든요. 저는 김 교수 재판을 보고 많이 배웠어요. 특히 법에 있는 대로 해달라고 당당하게 요구하는 게 가장 인상적이었죠. 그런데 김 교수가 아무리 많이 배운 사람이라고 해도 연륜이 무속한 것은 느껴지더라고요.

▎ 검사보다 판사가 더 문제라고 늘 말하는데, 왜 그렇게 생각할까요?

판사들이 그때그때 판단을 챙겨 주면 억울한 사람이 줄어들 거예요. 한 예를 들어 볼게요. 제 사건은 1993년 상대측이 저에게 2천만 원짜리 수표 한 장을 빌려줬다고 주장하면서 시작된 거예요. 그런 죄목으로 저는 구속됐고 재판에 회부됐어요. 공판 첫날, 저는 검찰의 공소사실을 전면 부인했죠. 그러니까 판사가 "사실 조회해 보면 다 나옵니다. 피고인 거짓말하면 큰 처벌 받습니다."라고 호통을 쳤거든요. 그리고 사실 조회를 보냈어요. 3차 공판 기일 날, 판사가 사실 조회 회신이 왔다고 고지를 하고 그 내용을 읽어 줬어요. 구속의 근거가 되었던 2천만 원 수표가 없다는 거죠. 그럼 제 말이 맞는 거고, 저는 죄가 없는 거잖아요. 그럼 재판을 더 할 필요도 없이 저를 무죄 석방하면 되잖아요. 그런데 판사가 챙겨 주지 않는 거예요. 재판에서 공소사실과는 다른 것들이 드러나면 좀 제대로 따져서 판단을 해주면 좋은데 그냥 멍청하게 있었다니까요. 여기서 판단이라는 것은 아주 어려운 법조문이 아니라, 상식적인 걸 말하는 거예요. 전문적인 것이 아니라 기본적인 것만 판단해 줘도 이런 사법 피해자는 생기지 않을 거예요. 판사가 공판 3회 때 확실하게 판단만 해줬어도 제가 여태까지 14년을 싸울 이유가 없잖아요. 검찰이야 미네르바 사건에서 보듯 무조건 사람을 집어넣으려는 게 그 사람들 직업이니까 어쩔 수 없는 거지만, 판사는 '판단'하는 게 그 사람들 사명이잖아요. 재판에서 저를 모함했던 상대방들이 줄줄이 나왔는데, 그런 수표 거래 내역이 없다는 걸 듣고는 말을 똑같이 바꿨거든요. 3회 공판 때 판사가 판단해서 끝냈으면, 저도 무죄판결을 받는 데 14년 걸릴 필요도 없었고, 상대방 총 6명이 모해위증죄로 처벌받아 감옥에 가는 일도 없었을 거예요. 판사가 판단을 안 해줬기 때문에 저도 고생을 했지만, 상대방들도 징역을 살게 됐어요. 그중 한 명은 감옥에 있어서 아들 결혼식에도 못 갔대요. 결국 일을 이렇게 만든 건, 판사에게 책임이 있어요. 석궁 사건 1심 때 김명호 교수(피고인)가 핵심 쟁점에 대해서 김용호 판사더러 판단을 해달라고 하니까 "검찰이 입증을 못하면 피고인 무죄니 걱정 마세요."라는 말만 했잖아요. 이 사회가 혼란스럽게 된 원인 중에는 핵심 쟁점에 대해서 정리를 안 해주는 판사에게 있다 해도 그리 틀린 말이 아닐 거예요.

윤창현 기자는 2007년 2월 14일 SBS 〈뉴스추적〉 "전직 교수 김명호 석궁 사건의 진실은"을 취재했다. 이 프로그램은 한국 기자상, 이달의 기자상, 좋은 프로그램상을 수상했다.

> 어떻게 이 사건을 파고들게 되었나요?

석궁 사건 전에, 김명호 교수 성대 해직 사건 등이 이미 기사화가 됐었거든요. 매스미디어가 본격적으로 주목한 건 바로 '석궁' 때문이었죠. 대학 사회의 기득권을 옹호하는 쪽으로 법의 심판이 기울어졌다는 건 이미 언론에 보도된 내용이었어요. 그래서 SBS 〈뉴스추적〉 팀은 그런 법적 논리가 정당한가, 그걸 따져 본 거죠. 그래서 서울고법 판결문(2005나84701 교수지위확인)을 정말 한 문장씩 자세히 봤어요. 거기에 김명호가 교육자적 자질이 없다고 평가한 문장들이 여러 개 나와요. 그런 근거 가운데 하나가 당시 성균관대 학생들이 낸 '건의서'라는 게 있어요. 도대체 김명호가 뭘 어떻게 했기에, 학생이 스승더러 교수하지 말라는 건의서를 냈을까, 상식적으로 있을 수 없잖아요. 그래서 명단에 적힌 사람들을 한 명씩 다 만나 봤죠. 그런데 다들 그런 문서를 본 적이 없다는 거예요. 이 내용을 대법원에 상고할 때 증거로 제출했는데, 대법원 판결문(2007다9009)에서도 인정은 안 됐어요. 저는 대법원이 기존과 같은 입장을 취할 것이라는 걸 어느 정도 예상했어요. 법조계 질서라는 것이 지금까지 그런 식으로 진행돼 왔고 그것이 자신들의 카르텔을 유지하는 힘으로 작용하기 때문에 이 사건에서도 판결은 달라지지 않을 거라고 본 거죠. 한 개인에게는 엄청난 결과를 가져오는 판결이 너무 무감각하고 일상적이고 기계적으로 내려지고 그런 게 판례로 쌓여서 부패한 기득권을 보호하는 기제로 법이 작동하고 있거든요. 이명박 정부 들어서 그런 경우를 많이 보잖아요.

▎ 이명박 대통령이 법치를 앞세우는 것에 대해서는 어떻게 보시나요?

법이라는 것은 사회질서를 유지하는 데 있어서 제일 마지막에 동원되어야 할 수단이라고 할 수 있죠. 법 이외의 여러 수단이 도외시되고 법만 앞세우기 시작하면 파국으로 치달을 수밖에 없어요. 법이 무엇을 보호하기 위해 있는지는 이미 알고 있잖아요. 김명호 사건은 하나의 작은 예에 불과하다고 봐요.

> 당시 변현철 대법원 공보관은 석궁 사건 당일, 기자들 앞에서 김명호 교수에 대해 "재판에 영향을 미칠 목적으로 법원 앞에서 매일 일인 시위를 해왔던 사람이고 재판 중인 판사를 전부 고소하는 비정상적인 행위를 해왔던 사람"이라고 말했는데 이에 대해서는 어떻게 생각하세요?

남들이 쉽게 할 수 없는 행동을 한 건 맞아요. 그런데 누가, 무슨 기준으로 정상과 비정상을 가를 수 있죠? 정상과 비정상을 가르는 기준이 뭐예요? 저는 그걸 되묻고 싶어요. 재판 과정이 정당하다고 여겨지지 않았고 억울하게 재판에 진 대다수 사람이 할 수 있는 선택이라는 게 뭐겠어요? 그냥 참고 지내는 거 아니겠어요? 법 절차를 몰라서 대부분 문제 제기를 못해요. 김 교수는 그나마 독학으로 법을 공부했으니까 그 지식을 바탕으로 문제 제기를 했던 거죠. 그런데 그 문제 제기 자체가 거부감이 드는 거예요. 법조계가 받아들일 준비가 안 됐거든요. 이게 법조계에만 해당될까요? 지금도 보세요. 대통령을 비롯해 우리 사회에서 권력을 가진 사람들이 하는 행태는 문제 제기 자체를 수용할 생각이 없음을 단적으로 보여 주고 있다고 생각해요.

> 방송 이후 반응은 어땠나요?

방송 나가기 전날 대법원 공보 판사가 전화를 했었죠. 이렇게 꼭 방송을 해야 하느냐고. 그런데 방송이 나간 후 저희 스태프들과 제작진이 받은 전화에는 그 '비정상적인 사람'에게 공감하는 사람이 훨씬 많았죠. 그 말은 텔레비전을 보는 대다수의 시청자가 비정상적이거나, 아니면 판결에 항의하는 사람을 비정상이라고 규정하는 법적 현실이 대단히 잘못됐거나, 이 둘 중에 하나예요. 서민들의 눈높이에서 보면 법이 현실을 대변하지 못하는 거죠. 물론 법정에서 문제가 풀리면 좋겠지만, 지금의 법제도라는 게 공정한 게임의 룰은 아니라는 거죠. 지금의 규칙은 개인이 상대의 증거를 일일이 반증해야만 하는 극히 열악한 조건에 있거든요. 있는 그대로 문제가 제기되고 답이 나와야 하는데, 그렇지 않은 현실이죠. 기업과 대학 같은 거대 조직과 힘없는 개인이 법정에서 똑같이 하나의 당사자가 돼서 싸운다고 합시다. 개인이 막강한 법적 조력과 자금력으로 무장한 조직에 맞서 상대의 증거를 무력화하는 것은 거의 불가능한 일이죠. 참 안타까운 것은 김 교수는 법이 현실을 반영하지 못해서 피해를 입었지만, 법조계는 끝까지 그런 김 교수의 억울함을 들어줄 관용이나 여유를 보여 주지 않았고, 법적 진실과 실체적 진실의 괴리를 김 교수가 스스로 증명해 보이곤 했다는 사실이죠. 그러다 보니 기존의 법조계와 사법 질서에 대한 김 교수의 불신은 공판 진행 과정에서 고스란히 나타났어요. 검찰이나 사법부는 물론이고 자신의 변호인이 타협안을 들고 오면 김 교수는 완전 무죄 외에는 절대로 받아들일 수 없다는 주장을 굽히지 않았죠. 기존의 법조계 질서 아래에서는 자신의 변호인조차도 현실의 시시비비를 제대로 가릴 수 없다는 사실에 분노했어요. 법적 현실과 실제 현실이 다르다는 것을 받아들일 수 없는 거예요. 판사들도 석궁 사건에서 가해자에게 동정적인 여론이 쏠리는 것을 보고 충격을 받았지만, 왜 여론이 비판적인지 이해하지 못한다고 봐요.

▌ 김 교수가 석궁을 들고 간 것은 어떻게 보시나요?

김 교수는 석궁을 들고 간 것은 범죄구성요건이 안 된다고 주장해요. 일견 일리가 있어요. 하지만 법적 책임을 떠나서 판사를 찾아가서 항의하고자 하는 방법으로 석궁을 들고 간 것을 옹호할 수 있는지 하는 문제는 논란의 여지가 있고, 저희 방송도 그 부분에 대해서 김 교수와는 생각을 달리했어요.

▌ 판사들이 사법 불신의 원인을 언론 때문으로 보는 것에 대해서는 어떻게 보시나요?

그러면 판사들에게 되물어 보죠. 한국 사회에 영향을 미치는 수많은 판결들이 있었잖아요. 그 과정에서 법원이 했던 역할이 뭐였을까요. 사법 파동의 빌미가 됐던 여러 사건들이 있었어요. 지난 정부 때 과거사위원회가 만들어진 후 사법 살인에 대해 반성하고 그랬는데 그건 어떻게 설명할 거예요. 노무현 전 대통령의 죽음(2009년 5월 23일)으로 국민들이 정신없는 사이에 대법원이 삼성 에버랜드 사건에 무죄판결(2009년 5월

29일)을 내린 건 또 뭐예요. 그런데도 사법부 불신의 원인이 언론이 물고 늘어져서 그렇다? 지금의 상황은 언론 역시 한국 사회 기득 구조의 한 축이기 때문에 더 심각하게 문제 제기를 못하는 것이라고 봐야죠. 훨씬 더 많은 문제가 제기돼야 해요. 기본적으로 법관은 보수적일 수밖에 없어요. 법이라는 것은 뭔가를 지키기 위해 존재하죠. 뭔가를 틀에 가두고 이 틀에서 벗어나면 처벌하는 거죠. 뭔가를 지킨다는 것은 보수적이잖아요. 기존에 쌓아올린 가치건 재산이건, 이런 게 지켜야 할 대상일 수밖에 없잖아요. 오랜 권위주의에 냉전 반공주의가 강한 우리 사회에서는 더 심하죠. 아직까지 우리 사회에서 법은 절대로 공정할 수 없다고 봐요. 법은 중립적이지 않아요. 그런 상황에서 법관들이 나서서 사법 불신에 대해 다른 곳에 책임을 돌리는 것은 정말 심각한 거예요. 보수적인 일부 언론에서 '좌파' 판사가 어떻고 그런 말을 하던데, 판사 중에 좌파 판사가 어디 있어요? 우리의 사회적 조건은 점점 더 열악해져 가고 법의 보호를 받지 못하는 사람들은 더욱 늘어나고 있잖아요. 그러면 법의 무게중심도 그런 현실 변화에 대응할 수 있게 사회 속으로 내려와야 하는데 최근 들어서 점점 더 퇴행적인 모습을 보이잖아요. 사법부는 많이 달라져야 해요. 아무튼 전 그렇게 봐요.

김용국 씨(1971년생)는 법원 공무원이며 인터넷신문『오마이뉴스』시민기자로 활동한다. 그는 이정렬·정종관·이종광·정진경·임희동·김귀옥 판사들을 인터뷰한 "판사, 법원을 말하다" 시리즈를 통해 세상과 법원 사이의 소통을 시도했다.

▎ "판사, 법원을 말하다" 인터뷰를 한 계기가 있나요?

인터뷰도 어렵게 한 거예요. 판사들은 언론이랑 접하려고 하지 않아요. 자꾸 선정적으로 다루니까. 저는 개혁적이고 깨끗한 판사들도 있으니까 이런 사람들과 인터뷰해서 내보내면 "일반 시민들도 생각이 달라지실 것이다."라고 생각했죠.

▎ 막상 써보니 어땠나요?

그런데 기사를 쓰면 기사 내용을 떠나서 댓글이 무조건 욕이에요. 그런 게 한두 개가 아니죠. 다 부정적이에요. 저도 법원 관련된 글을 많이 쓰지만, 법원 내에서 보는 것과 일반인들이 보는 것과 차이가 너무 커요. 석궁 사건을 바라보는 시선도 그렇고요. 우리가 흔히 유전무죄·무전유죄 이야기를 하잖아요. 저도 법원에서 일하기 전까지만 해도 다른 사람처럼 그렇게 생각했는데, 법원에 와서 보면 그런 측면이 전혀 없는 것은 아닌데, 사실과는 너무 멀어요. 이렇게 된 원인이 일제강점기와 군부독재 시절에 정권이 원하는 대로 판결해 줬잖아요. 인혁당 사건이 대표적이죠. '검찰이나 법원에 가면 무조건 당한다.'라는 생각이 쭉 이어져서 지금도 막연한 적개심으로 그러는 사람들이 종종 보여요. 그런 사람들은 법원에 오면 일단 큰소리치고, 뭐든지 좋게 안 받아들이죠. 제가 보기에는 10년 사이에 민원인 대하는 태도나 방식, 재판 절차 등이 많이 달라졌어요. 그런데 사람들의 요구는 그 이상으로 높아졌기 때문에 법원이 많이 달라졌다고 여기지 않죠. 안에서 답답한 측면이 많이 있어요. 가령 조관행 사건이 일어나면 "봐라, 법원 사람들 다 도둑놈들 아니냐." 이렇게 매도해 버리고 끝나 버려요. 그리고 언론을 보세요. 김승연 씨가 법원에 오는 순간 이미 답은 정해진 거 아녜요? 김승연 한화 회장이 구속되면 당연한 거고, 그렇지 않으면 난리가 나는 거고, 무죄면 말할 것도 없고.

▌ 그렇다고 그 부분을 비판하지 않을 수는 없잖아요.

하지만 제가 "친일 재산 찾기, 헌법에 위배, 이종광 판사"라는 기사를 썼잖아요. 물론 이종광 판사도 판결문 한 장짜리를 쓸 수도 있었을 거예요. 남들과 똑같이 말이죠. 그런데 "친일파 재산 용납할 수 없다. 법이 바뀔 때까지 재판을 정지한다."라는 결론을 위해 80장짜리 판결문을 썼거든요. 친일파가 뭐든지 간에 아무런 고민도 하지 않고 그냥 판결할 수도 있어요. 땅 돌려주라고 판결하면 끝나니까요. 그런데 그런 힘이 어디서 나오겠어요? 어떤 사명감 같은 게 없으면 안 되거든요. 사명감 갖고 나름대로 열심히 하려고 하는데, 아무리 둘러봐도 힘을 주는 곳은 한 군데도 없잖아요. 우리나라는 입법부·사법부·행정부로 나눠져 있고, 헌법을 보면 법관은 양심에 따라 판결할 수 있다고 권한을 줬어요. 대법원 판결이 우리나라를 좌지우지하잖아요. 그만큼 사회에 미치는 영향이 크단 말이에요. 이현세가 그린 만화가 음란하냐 아니냐, 이걸 누가 결정해요? ("판사."라고 대답하자) 어쩔 수 없는 거예요. 그렇잖아요. 이현세 만화가 문학성이 있다, 그러면 그거 하나로 끝나는 게 아니라 만화가 전체의 목소리를 대변하는 거 아닙니까. 그렇기 때문에 그런 이야기를 하는 거예요. 당신이 칼을 갖고 있기 때문에 칼을 잘 휘둘러야 한다고 경각심도 일깨워 줘야 하고, 격려도 해줘야 하고, 위로도 해줘야 하고, 비판도 해줘야 하는데, 현실은 오로지 비판 아닌 비난만 있는 게 문제인 것 같아요.

▌ 우리 사회가 칭찬이나 격려에 인색하잖아요.

인색하죠.

▮ 쑥스러워서 그런 것 같기도 해요.

그런 부분도 있고 저도 사실 비판을 많이 해요. (둘 다 폭소) 제가 느끼는 건 뭐냐면, 전 최소한 대놓고 비난은 안 해요. 지금 법원에 대한 비판은 비판이 아니라 별로 근거도 없는 비난이에요. 제대로 된 날카로운 비판이 되려면 비판을 받은 상대가 아파야 해요. 그런데 하나도 안 아파요. 오히려 무시하게 돼요. 시민 단체에서 법원을 비난하면 별로 아프지가 않아요. 어떨 때 법원 내부에서 느끼기에 '정말 상종 못할 인간이네.' 그렇게 되어 간다니까요. 그걸 우려하는 거예요. 실제로 건수 잡았다고 물고 늘어지려고만 하는데, 이건 아니라는 거죠. 하지만 법원의 좋은 부분에 대해서 "이건 이렇게 변하고 있다."라고 이야기하는 사람들은 거의 없어요. 우리가 그렇게 이야기하면 먹히지도 않잖아요. 보면 재판을 직접 받아 본 사람들보다 그렇지 않은 사람들의 불신이 더 큰 거 같아요. "내 친구는 전관 썼더니 집행유예로 나왔다."라고 그러는데, 그건 전관 안 써도 집행유예로 나올 만한 사건일 수도 있거든요. 그런데 2천만 원, 3천만 원 요구하니까 판사에게 돈 써서 한 것처럼 보죠.

▮ 본인이 인터뷰한 판사들은 이런 문제에 대해 어떻게 보던가요?

법원이 더 변해야 한다고 생각하는데, 뚜렷한 방법이 없다는 거죠. 가령 한나라당 내에 성추행 사건이나 폭행 사건이 터지면 한나라당 원내 대표가 나와 국민을 향해 죄송하다고 말을 할 수 있겠지만, 판사들은 조관행 판사가 구속됐다고 해서 그렇게 할 수 없는 거예요. 왜냐하면 자기가 그 사건을 재판해야 할지도 모르잖아요. 그리고 법정에서 조관행 당사자는 억울하다고 할 것이고, 그 재판의 심판자가 돼야 할 사람이 특정 사건에 대해서 이야기한다는 것 자체가 어렵죠. 다른 단체와 다른 게, "인혁당 재판 미안합니다. 죄송합니다." 이렇게 할 수 있나요? 재판을 해야 할지도 모르고, 재판 결과가 어떻게 나올지도 모르는데, 소통할 수 있는 방식이 별로 없는 거죠. 지금 국민 참여 재판을 하고 있는데, 사람들이 와서 재판해 보면 자기가 생각했던 것과는 얼마나 다른지, 이게 얼마나 피곤한 건지 알 거예요. 그렇게 고생해 보면 오해가 많이 풀릴 거라 봐요. 그래서 '국민 참여 재판'이란 게 비효율적이기는 하지만 도입해야 한다는 거죠. 사람들이 재판을 받아 보고 해야 '판사들도 힘들구나.' 하는 생각도 들 거고. 제가 보기에는 법원만 잘하면 되는 문제도 아니고, 어떤 식으로든 국민들이 재판에 영향도 미쳐야 하고 재판이 어떻게 돌아가는지 이해를 해야 한다고 봐요.

▎ 법원이 이런 것조차 설득하려는 노력을 게을리한 건 아닌가요?

인정해요.

▌ 법원이 고쳐야 할 부분은 뭐가 있을까요?

(한참을 생각해 보다가) 많죠. 따지고 보면.

▌ 외부 시선이 갖고 있는 오해와 달리 법원 내부 직원이 지적하는 문제라면 그래도 진짜 문제로 생각하지 않을까요?

아직까지 권위적이라는 것은 저도 공감해요. 대법원이 많이 노력하기는 하지만, 변화에 느리다고 많이들 생각하잖아요. 과연 변화에 대응할 만큼 법관들의 마음이 열려 있는지, 사회가 바뀌니까 사법부도 어쩔 수 없이 이렇게 해야 하지 않는지…….

▌ 끌려가는 식이라는 건가요?

그런 측면이 있지요. 법원 행정을 하는데, 위에서 생각하는 사법부 개혁이라는 게, 너무 보여 주는 것만 생각하더라고요. 극단적인 예를 들면 화장실 고치는 거, 법정 바꾸는 거. 대법원에서 고민하는 게, 그런 식이 좀 많다는 거죠. 보여 주기 위한 행사들, 안에 있는 사람들은 피곤해요. 예를 들어, 일 바빠 죽겠는데 띠 두르고 줄 서서 민원인들에게 인사를 한다고 쳐요. 사람들이 그런 거 보고 친절하고 고맙다고 느끼나요? 하는 사람도 즐겁지 않고 받는 사람도 그래요. 법원에서, "우리 이번에 화단 하나 만들었습니다", "휴게실 설치했습니다." 이런 걸 서로 자랑하듯 하거든요. 또 대법원에 보여 주기 위해서, "우리는 이렇게 친절 강사를 데리고 와서 웃는 방법을 배웠습니다." 이런 걸 아직도 하고 있어요. 물론 우리가 그런 거 잘 못하기는 하지만, 그게 해결책이냐고요. 좀 더 근본적인 걸 해야죠.

짧은 결론

김명호 교수는 석궁 사건을 '석궁 테러'라고 보는 것에 반대하면서 꼭 '석궁 시위'라고 말한다. "석궁 시위는 국민 저항권 차원의 정당방위이자 법을 묵살한 판사들에 대한 시위"이기 때문이란다. 그래도 폭력은 정당화될 수 없는 것 아니냐고 하면, 이렇게 말한다.

한마디로 개소리죠! 사람들이 왜 법을 무서워하나요? 그것은 법 뒤에 공권력이라는 폭력이 있기 때문 아닌가요? 정부의 폭력은 무조건 정당하고 개인의 폭력은 허용되지 않는다? 웃기는 이야기 아닌가요? 폭력이 무조건 정당하지 않다고 하는 것은 자유에 대한 인류의 투쟁을 전면 부인하는 것입니다.

그럼 어떤 세상을 원하는가.

법치국가를 원합니다. 즉 법만 지키면 엿 같은 윗사람들 눈치 안 봐도 자신의 권리를 박탈당하는 일이 없는 세상에 살고 싶다는 겁니다. 이 '엿 같은' 나라는 윗사람에게 잘 보이지 않으면 법이 철저하게 무시되는 보복을 당하더군요. 그 대표적인 예가 바로 저 김명호이고.

저는 단순합니다. 법과 원칙에 따라 사는 겁니다. 그리고 다른 사람들이 부당하게 당하는 것을 보면 불안해하고, 그렇게 당한 사람들이 정당하게 자신의 변론을 하지도 못하며 무법자 판사들에게 굽실대는 걸 보면 분노가 일어납니다. 노예근성 가진 것들이라고.

법? 얼마나 단순합니까? 초등 내지 중등 수준의 국어 독해력, 천자문 정도의 한자 실력, 논리력 세 가지만 있으면 되는 것 아닌가요? 법전을 읽고 이해하는 데 무슨 어려움이 있나요? 그런데도 웃기는 게 노예근성의 국민들은 법전은 제쳐 놓고 판사 말이면 다 믿는 겁니다. 중세 시대에 돈 받고 면죄부 팔듯이 법 안 지키며 판결문 장사하고 있는 인간들이 악의 축이라는 것을 깨달았으면 합니다.

법원에 맞서 싸우는 사람들에 대해 "원래, 성격이 또라이야."라고 말하는 사람들이 많다. 사건을 취재하면서 들었던 말 가운데 가장 듣기 괴로운 말이다. 이렇게 해서 우리 사회 법치의 현실과 관련해 '불편한' 진실을 들여다보려는 노력은 한 방에 매도되고 만다.

김명호 교수에 대해서도 지나치게 고지식하고 고집이 세다고 말하는 사람들이 많다. 한마디로 피곤한 사람이라는 거다. 솔직히 나 또한 그런 느낌을 가질 때가 있다. 김명호 교수는 물러섬이 없다. 적당함도 없다. 옳으면 옳고 아니면 아니다.

얼마나 빡빡한 삶인가. 그러나 난 그걸 나쁘게 볼 수 없다고 생각한다. 다만 우리가 그렇게 하지 못해서 그를 대면하는 게 괴롭다고 말해야 정확할 것이다. 그가 주는 피곤함은 상식과 기본이 아직도 실현되지 못하고 있는 대한민국 법조계의 문제에 비할 바가 못 된다. 그건 사소하고 귀여운 불편일 뿐이다. 옳고 그름을 지나치게 따지는 김 교수를 그냥 봐주면 되는 것일 뿐, 더는 그것을 핑계로 석궁 사건 재판과 같은 야만과 비이성의 추악한 일에 눈감아서는 안 될 것이라 본다.

대한민국 사법부는 김명호라는 한 수학자에게 4년이라는 상상하기 어려운 형량을 부과함으로써 자신들에게 도전한 사람이 얼마나 가혹한 운명을 경험해야 할지를 보여 주었다. 죄질이 아주 나쁜 재벌들과 그 자녀들은 사회에 봉사 많이 하고 가정교육 잘 받았다며 내보내는 판결을 생산해 내는 곳도 대한민국 법원이고 판사들이다. 그런 그들이 오늘도 우리를 판결한다.

물론 사람들은 사법부가 계속 이래서는 안 된다고 생각하며 판결이 잘못되었다는 것도 알지만, 당장은 어찌해 볼 도리가 없는 게 현실 아니냐고 여길 것이다. 하지만 그런 현실에 위축되지 않고 문제 제기 하는 사람이 있고, 그 때문에 그 사람은 가족으로부터 떨어져 차가운 감방에 있게 되었다는 사실만큼은 꼭 기억했으면 한다. 그리고 제대로 기억해야 한다.

2007년 청계천 평화시장에서 지게꾼을 하는 분을 인터뷰한 적이 있다. 37년 전 기업들을 향해 "근로기준법을 준수하라."고 외치며 불에 타 죽어 가던 전태일을 가까이에서 직접 보았다고 했다. 그때 그의 나이는 30대 중반이었지만 이제는 70대 할아버지가 되었다.

그때 내가 포목을 지게로 나르고 있었거든. 경비가 나보고 원단 하나 달래. 그것으로 불 끈다고. 그런데 내가 거절했어.

▌ 왜요?

그럼 내가 원단 값을 물어 줘야 하잖아. 잘됐잖아. 사람은 죽어서 이름을 남기라고 했는데 나도 여기서 먹고살아야 하겠고, 결국 전태일은 유명해졌잖아. 난 더 이상 할 말 없으니까 그만 가!

▌ 그래도 세월이 흐르니까 그때 원단 건네주지 않은 거 미안하다는 생각이 안 드세요?

(한숨 쉬며) 살다가 가끔 그런 생각이 안 드는 건 아닌데……. (강하게) 그때 만약 살았어 봐! 그 화상 입은 병신을 누가 돌봐 줄 거야. 평생을 누가 돌봐 주냐고! 그러니 잘 죽은 거야, 유명해지고. 전태일 때문에 노동자 운동 해서 권익이 조금은 보호됐잖아.

할아버지의 이야기를 들으면서 이 얼마나 처참한 현실인가 하는 생각이 들었다. 최소한 이런 기억은 아니었으면 좋겠다. 이건 망각하고 잊기 위한 방식의 기억이다. 인도 출신 작가 아룬다티 로이Arundhati Roy는 『생존의 비용』이라는 책에서 이렇게 말했다.

사랑할 것. 사랑받을 것. 당신의 보잘 것 없는 것들이라도 잊지 않을 것. 말도 안 되는 폭력과 일상적으로 존재하는 천박한 다툼에 결코 익숙해

지지 않을 것. 가장 슬픈 곳에서도 기쁨을 찾을 것. 네가 살고 있는 누추한 곳에서도 아름다움을 찾을 것. 복잡한 것을 단순하게 만들거나 단순한 것을 복잡하게 만들지 않을 것. 권력이 아닌 강인함을 존경할 것. 그러나 그 무엇보다도 눈 떼지 않고 지켜볼 것. 해보려고 애쓰고 이해하려 할 것. 결코 외면하지 말 것. 그리고 절대로 절대로 잊지 말 것.

지금 우리가 그래야 할 것이다. 여기까지 함께한 독자들에게 감사한다.

부록 ❶

석궁 사건을 만든 두 판결

이기욱 | 법무법인 창조 대표변호사

▍대법원 판결의 문제점

대학교수 재임용 제도가 1975년 7월 23일 국회에서 입법이 되었을 당시부터 이 제도가 남용될 우려가 제기되었다. 이와 관련해 당시 국회 속기록을 보면 입법을 제안한 국회의원은 "재임용이라는 것은 원칙적으로 모든 교원의 신분을 보장하여 주는 것이고, 도저히 교수로서 연구

이 글은 석궁 재판 1심 변호를 맡았던 이기욱 변호사가 서울대학교 법과대학 최고지도자 과정 제6기 논문집에 발표한 "석궁 사건의 원인과 대책"의 주 내용을 저자로부터 양해를 얻어 오늘의 시점에 맞게 문장을 수정한 것이다. 김명호 교수가 왜 대한민국 사법부에 석궁으로 항의하려고 했는가는 다음과 같은 사법부의 두 판결에서 비롯된 바 크다. 하나는 대학교수 재임용 제도와 관련한 대법원의 판결이고, 다른 하나는 학교법인 성균관대학교를 상대로 낸 교수 지위 확인 소송에서 박홍우 판사가 내린 2007년 1월의 고등법원 판결이다. 두 판결에 대해서는 앞서 본론에서도 살펴보았지만, 아무래도 전문가의 관점이 필요할 듯해서 보론의 형식으로 소개한다.

노력이 없는 극소수에 대하여 해당될지도 모른다는 것이지 꼭 해당되는 것은 아니다."라고 설명하고 있고, 문교부 장관은 "반드시 객관적인 연구 업적을 심사하여 재임용 여부를 결정하겠다."라고 답했다.

그 후 대법원은 1977년 9월 28일 판결(77다300)을 통해 대학교원으로서 부적격하다고 인정되지 않는 한 재임용이 당연히 예정되어 있는 것으로 보아야 한다는 취지의 판결을 내려 교수들의 높은 "재임용 기대권"을 인정했다.

위 사립학교법이나 위 학교법인의 정관 및 위 심사위원회 규정을 보더라도 임기 만료된 교원의 재임명 내지 재임용 금지 규정을 두고 있지 아니하며 위 학교법인의 교원정원 및 퇴직규정(갑 제6호증)에 따르면 교원의 정년을 만 65세로 한다고 되어 있는바, 위의 각 규정들과 위 법인의 교원임용규정(갑 제4호증)을 종합하여 볼 때, 대학교원의 자질 저하를 방지하기 위하여 연구 실적, 학회 활동, 학생 지도 능력과 실적, 교육 관계법의 준수 및 품위유지 등 대학교원으로서의 자질을 참작하여 특히 대학교원으로서 현저하게 부적법하다고 여겨지는 특수한 자를 도태하고자 하는 데 있어, 부적격하다고 인정되지 아니하는 한 그 재임명 내지는 재임이 당연히 예정되고 있다고 보아진다.

그런데 1987년 6월 9일 대법원은 교수 재임용 제도의 법률 해석을 변경하는 판결(86다카2622)을 했다.

계약기간을 정하여 임용된 교원은 그 기간이 만료된 때에는 재임용 계약을 체결하여야 하고 만약 재임용 계약을 체결하지 못하면 재임용 거부 결정 등 특별한 절차를 거치지 않더라도 당연 퇴직된다고 해석된다.

그런데 종전의 대법원 판결을 변경할 경우 대법관 전원의 3분의 2 이상의 합의체에 의해 판결해야 하는데, 이를 지키지 않았다. 다시 말해 법원조직법을 위반한 것이다. 이런 위법적 해석 변경에도 불구하고 그 이후 법원은 재임용에서 탈락된 교수들이 억울함을 호소할 때마다, 재임용 여부는 학교 당국이나 학교 재단의 자유재량 행위이며, 재임용 탈락 결정 및 통지는 임기 만료로 당연 퇴직됨을 알려주는 데 지나지 않고 이로 인해 어떤 법률 효과도 발생하지 않으므로 교수들이 법원에 소송을 제기해도 "소의 실익"이 없다며 재임용 탈락 관련 소송을 각하해 왔다.

그 결과 재임용에 탈락된 수백 명의 교수들이 대법원의 태도에 깊은 한을 품고 교육계와 법원을 불신하여 결과적으로 석궁 사건이 발생한 중요한 원인이 되었다. 김 교수 역시 1996년 3월 1일 소송을 제기했으나, 재임용 탈락은 임용권자의 자유재량이며 재임용 탈락 교수는 법원에 소송을 제기할 "소의 이익"이 없다는 대법원 판결(86다카2622)의 취지에 따라, 법원은 김 교수의 재임용 탈락의 구체적인 사정은 살펴보지 않고 패소 판결을 했다.

고등법원 판결의 문제점

2004년 4월 22일 대법원은 서울대 김민수 교수 사건에서 전원합의체 판결로 기존의 판례를 변경함으로써, 86다카2622 판결 이후 잘못된 교수 재임용 제도에 대한 법률 해석을 다시 바로잡게 된다. 다음은 그 판결문 가운데 일부다.

기간제로 임용되어 임용기간이 만료된 국공립 대학의 조교수는 교원으로서의 능력과 자질에 관하여 합리적인 기준에 의한 공정한 심사를 받아 위 기준에 부합되면 특별한 사정이 없는 한 재임되리라는 기대를 가지고 재임용 여부에 관하여 합리적인 기준에 의한 공정한 심사를 요구할 법규상 또는 조리상 신청권을 가진다 할 것이니, 임용권자가 임용 기간이 만료된 조교수에 대하여 재임용을 거부하는 취지로 한 임용기간 만료의 통지는 위와 같은 대학교원의 법률관계에 영향을 주는 것으로서 행정소송의 대상이 되는 처분에 해당한다고 할 것이다.

이와 달리, 기간을 정하여 임용된 대학교원이 그 임용기간의 만료에 따른 재임용의 기대권을 가진다 할 수 없고, 임용권자가 인사위원회의 심의 결정에 따라 교원을 재임용하지 않기로 하는 결정을 하고 이를 통지하였다고 하더라도 이를 행정소송의 대상이 되는 행정처분이라고 할 수 없다고 판시한 대법원 1997. 6. 27 선고, 96누4305 판결은 이와 저촉되는 범위 내에서 변경하기로 한다.

_대법원 2004년 4월 22일 선고, 2000두7735 전원합의체 판결

그렇다면 왜 김명호 교수는 소송을 통해 구제되지 못했으며, 급기야 석궁 사건이 발생하기에 이르렀을까. 그 원인은 2007년 고등법원 판결에서 찾을 수 있다.

고등법원 판결문을 읽어 보면, 김 교수에 대한 성균관대학교 측의 재임용 거부 결정이 합리적인 기준에 의한 공정한 심사를 거쳐 이루어졌는지 여부를 따져 보기 위해 성균관대학교의 정관에 규정된 재임용 기준인 "전前 임용 기간 중의 연구 실적 및 전문 영역의 학회 활동, 학생의 교수, 연구 및 생활지도에 대한 능력과 실적, 교육관계법령의 준수 및 기타 교원으로서의 품위 유지"라는 기준에 부합하여 합리적이고 공정하게 이루어진 것인지, 위법·부당하게 이루어진 것인지 여부를 살펴

보고 있다.

그러면서 김 교수의 연구 실적 및 전문 영역의 학회 활동에 관한 부분은 재임용 기준에 부합한다고 판시했다. 그런데 김 교수가 학생에 대한 교수·연구 및 생활지도에 대한 능력과 실적·교육 관계 법령의 준수 및 기타 교원으로서의 품위 유지 부분에 대한 판단 부분에서 재임용 기준에 미달한다고 판시했다. 교수로서의 기본적 자질(교육자로서의 인격과 품위, 인간관계), 인화 관계, 근무 태도 등 주관적인 요소를 재임용 심사 기준으로 삼는 것을 정당하다고 본 것이다.

그러나 나는 법원이 교수 재임용 심사의 위법·부당 여부를 판단할 때 주관적 요소는 배제해야 한다고 생각한다. 왜냐하면 주관적 요소로 평가하면 자의적인 판단이 개입될 수 있으며, 김 교수가 성균관대 입시 문제 출제 오류를 지적한 이후의 일련의 사태가 김 교수의 재임용 탈락의 실질적이고 중요한 원인이 되었다는 사실에 법원이 눈을 감는 결과가 되기 때문이다.

만약 재임용에서 탈락한 법관이 법원에 소송을 제기했을 때 법원이 해당 법관의 "판사로서의 자질"을, 결국 주관적일 수밖에 없는 자료를 근거로 판단하면, 법관이었던 당사자도 승복할 수 없을 것이다. 이혼소송에서 부부가 서로 상대방의 배우자로서의 자질을 평가하도록 한다면 감정 대립이 격한 부부일수록 상대방이 배우자로서의 자질이 나쁘다는 주관적인 평가를 내릴 수 있도록 가능한 모든 수단을 강구할 것이다.

김 교수와 성균관대학교의 갈등이 극에 달한 상태에서 김 교수가 연구 업적만으로 심사하게 되어 있는 부교수 승진에 두 번이나 위법·부당하게 탈락된 후 결국 재임용 탈락된 상태에서, 법원이 김 교수의 재임용 탈락의 위법·부당 여부의 초점을 "교육자로서의 자질"에 두었기 때문에 결국 김 교수의 입시 문제 오류 지적으로 인한 학교 측과의 갈등은 덮어 두고, 법원에 현출된 증거에 의한다는 논리와 명분하에 김 교수를 인간적으로 마녀사냥 하는 결과가 된 것이다.

교훈과 과제

이상에서 살펴본 바와 같이 나는 석궁 사건의 원인이, 첫째, 교수 재임용 제도의 본질을 외면하고 재임용 탈락된 교수는 법원에 구제를 신청할 "소의 이익이 없다."고 판단한 86다카2622 대법원 판결에서 잉태되었으며, 둘째, 법원이 교수 재임용 탈락 심사의 위법·부당함을 판단하는 기준으로 교수로서의 주관적 자질을 중요한 요소로 보았기 때문이라고 생각한다.

앞으로 교육계의 문제점이나 학교·재단의 잘못을 지적하는 데 따른 불이익을 받아 재임용 탈락된 교수들이 법원에 구제를 호소할 때, 법원의 판단은 학교 당국이나 재단이 객관적이고 정량적으로 평가할 수 있는 기준을 가지고 교수 재임용 탈락을 결정했는지 여부에 근거를 두어야 할 것이다. 그렇게 한다면 석궁 사건으로 극명하게 나타난 교수 재임용 제도의 문제점을 치유하고 억울하게 재임용 탈락하는 교수가 없게 될 것인바, 이를 통해 우리나라 교육계가 더욱 발전하고 국민이 법원을 더욱 신뢰하는 계기가 만들어질 수 있다고 본다.

서울고등법원 제2민사부 판결

사건	2005나84701 교수지위확인
원고, 항소인	김명호
	서울 동작구 상도동ㅇㅇ
피고, 피항소인	학교법인 △△△대학
	서울 △△
	대표자 이사장 권ㅇㅇ
	소송대리인 ㅇㅇ법무법인
	담당변호사 이ㅇㅇ
제1심 판결	서울중앙지방법원 2005. 9. 21. 선고 2005가합18721 판결
변론종결	2006. 12. 22.
판결선고	2007. 1. 12.

● 주문

1. 원고의 항소 및 당심에서 교환적으로 변경된 청구를 모두 기각한다.
2. 항소제기 이후의 소송비용은 모두 원고의 부담으로 한다.

● 청구취지 및 항소취지

제1심 판결을 취소하고, 피고가 1996. 3. 1. 원고에 대하여 한 재임용거부결정이 무효임을 확인하며, 원고가 1996. 3. 1.부터 피고가 운영하는 △△△대학교의 교수지위에 있음을 확인한다(원고는 당초에 위 거부결정의 취소와 위 교수지위에 있음의 확인을 구하였다가 당심에 위 취소를 구하는 부분을 위 거부결정의 무효임의 확인을 구하는 것으로 소를 교환적으로 변경하였다).

● 이유

1. 기초사실

다음의 사실은 당사자 사이에 다툼이 없거나, 갑 제2, 6, 10, 19, 22, 23호증, 을 제2호증, 을 제6호증의 3, 을 제14호증의 1, 을 제15호증의 1 내지 11, 을 제16호증, 을 제20호증의 4의 각 기재에 변론 전체의 취지를 종합하여 이를 인정할 수 있다.

가. 당사자들의 관계

피고는 △△△대학교를 설치·운영하는 법인이고, 원고는 미합중국 미시간 대학교에서 1988. 5.경 박사 학위를 받은 후 1991. 3. 1. 피고 산하 △△△대학교의 이과대학 수학과 조교수로 신규임용되었다가, 1993. 3. 1. 임기를 3년간으로 정하여 재임용되어 1996. 2. 29.까지 6년간 위 학교에서 조교수로 근무하고 나서, 1996. 3. 1. 조교수 재임용 심사에서 탈락한 자이다.

나. 원고에 대한 징계처분의 경과

(1) 징계처분 이전의 경과

(가) 원고는 1995. 1.경 실시된 위 학교의 신입생선발을 위한 대학별고사의 수학과목 채점위원으로서 수험생들의 답안을 채점하는 과정에서, 시험문제 중 "수학2"과목의 주관식 7번 공간벡터에 대한 증명에 관한 문제 자체의 오류를 지적하고, 그 문제에 대하여는 정답이 있을 수 없다

는 이유로 모든 수험생들에게 일률적으로 0점 또는 만점인 15점을 부여하는 방법으로 출제상의 오류를 시정할 것을 주장하였다.

(나) △△△대학교 수학과의 학과장인 ○○○ 교수와 위 문제의 출제자인 ○○○ 교수는 채점위원들에게 수정된 모범답안을 제시하면서 원고에게 그에 따라 채점할 것을 요구하였으나, 당초의 의사를 철회하지 아니한 원고에 의하여 거부당하였고, 위 학교 당국은 위 문제에 아무런 오류가 없다는 점을 공식적으로 표명함과 아울러, 원고를 위 채점과정에서 배제시켰다.

(다) 원고는, 그가 제기한 위 문제의 오류를 확인하기 위하여 서울대학교 수학과 소속 교수에게 전화를 걸어 위 문제에 오류가 있는지의 여부를 문의하였고, 이에 원고를 제외한 위 학교 수학과의 다른 교수들(이하 편의상 '수학과 교수들'이라고만 한다)은, 원고가 그 주장을 외부에 유포하는 행위를 함으로써 위 학교를 곤경에 처하게 하였다고 주장하였다.

(라) 수학과 교수들은 1995. 5.경부터 1995. 7. 19.에 이르기까지의 기간 동안, 피고의 교원징계위원회에 다음과 같은 사유를 들어 원고에 대한 징계를 청원하였고, 피고는 이와 같은 징계청원이 있었다는 사실을 원고에게 통보하였다.

1) 해교행위 : 재학생의 본교 대학원 진학 방해, 수학과는 망했다, 학과를 파괴하겠다고 호언, 입학시험 채점업무 시 배타적인 태도로 혼란을 야기, '성대 수학과 대학원생들은 쭉정이들이다'라고 비교육적 언사를 사행

2) 학사질서 문란행위 : 학생에게 전혀 수업없이 성적 부과, 오후출강 및 강의시간 배정요구

3) 타교수 비방 : 공개적인 타교수 비방, 교원 충원과 관련된 인사문제에 관한 학과 교수회의 내용에 관하여 근거 없는 사실을 학생들에게 유포

4) 교육자로서의 자질 의혹 : 대학원 박사과정의 학생 지도를 회피, 학과 전체 교수회의에서의 폭언
(마) 위 학교측은, 총장의 입회하에 수학과 전체 교수회의를 소집하여 문제를 원만히 해결하자는 뜻을 원고를 비롯한 수학과 교수들에게 전달하였고, 이에 원고도 동의하였으나, 다시 원고가 무절제한 언동을 행하고, 총장에 대하여 항의서한을 발송하는 등 학교의 명예를 손상하였다는 사유를 들어 원고를 징계위원회에 회부하기로 결정하였다.

(2) 징계처분의 경과
(가) 7인(이사 2인, 교수 5인)의 징계위원으로 구성된 피고의 교원 징계위원회는 1995. 하반기 중에 총 6회의 징계위원회 회의를 개최하여 징계청원사유에 관한 원고의 의견을 듣고, 위학교 수학과 학생들의 증언을 들은 후, 다음과 같은 징계사유를 들어 원고에 대하여 정직 3월의 징계처분을 의결하였다.
1) 필수이수과목의 수강생에 대한 성적을 평가함에 있어서,
가) 1993학년 2학기 위상수학 II과목에서, 수강생 대부분에게 일률적으로 동일한 점수(B+)를 부과함.
나) 1995학년 1학기 위상수학 I과목에서, 수차에 걸쳐 성적기록표의 성적을 정정하면서 과반수 이상의 수강생들에게 낙제점수(F)를 부과함.
다) 객관성과 공정성이 없는 성적평가로 인하여 학생들의 수강기피 현상을 초래하게 하여(1993학년 2학기 수학 II과목의 경우 14명이 수강철회, 1994학년 2학기 수학 II과목의 경우 수강생 55명 중32명이 수강철회) 학사행정에 혼란을 초래함.
라) 1994학년 2학기 수학 II과목, 1995학년 1학기 위상수학 I과목에서, 학업성적은 학칙에 정해진 성적평가방법에 따라야 함에도 불구하고, 자의적인 평가방법에 의한 성적기록표를 작성하

여 제출함.
마) 해당과목 총 수업시간수의 2/3 이상을 출석하여야 그 과목의 시험에 응할 자격이 있음에도 불구하고 출석 없이도 성적을 주겠다고 공언하는가 하면, 실제로 전혀 출석하지 않은 학생들에게 학점을 부여하는 등, 학칙과 복무규정에 위반함.
2) 최근 3년간 정당한 이유 없이 1년에 1회 개최되는 전체교수회의에 출석하지 않았을 뿐만 아니라, 1993. 이후 교수의 직무와 관련된 학과교수회의에 거의 불참하는 등 직무태만 내지 직무상 의무에 위반함.
3) 교육자로서 입에 담기 어려운 욕설을 수업시간에 함부로 하거나 공개적으로 동료교수를 비방 또는 학사업무와 관련된 사항에 대해서 대학본부에 내용증명우편을 계속하여 발송하는 등 교수로서의 품위를 손상시키는 행위를 함.

(나) 피고는 위와 같은 교원징계위원회의 의결에 따라, 1995. 12. 12. 원고에게 위와 같은 징계의결사실을 통지하였다.

(다) 원고는 피고의 위 징계처분에 대하여 교육부 교원징계재심위원회에 재심을 청구하였고, 위위원회는 1996. 3. 5. 원고에 대한 징계사유 중, '원고가 수업시간에 거의 출석을 부르지 않았기 때문에 출석을 한번도 하지 아니한 학생에게 학점을 부여한 경우가 있었다'는 점만을 인정하고, '수업 중에 욕설, 동료교수 비방을 행하였다는 점, 교수의 품위를 손상하였다는 점'은 이를 인정하지 아니하였으며, 나머지 징계사유에 관하여는 피고가 원고에게 송부하였던 징계사유설명서에 그 징계사유들이 기재되지 아니하였다는 절차상의 하자가 있어 징계사유로서 인정할 수 없다는 이유로 위 정직 3월의 징계처분을 견책으로 변경하였다.

다. 원고의 부교수승진탈락

원고는 1995. 4. 및 1995. 10. △△△대학교의 부교수 승진대상자로서 피고에 대하여 부교수승진 임용신청을 하였으나, 피고 산하 연구실적심사위원회는 원고의 연구 실적이 승진평정기준을 충족시키지 못한다는 이유로 불합격 판정을 하였고, 이에 피고는 원고를 승진임용 대상에서 제외하기로 결정하였다.

라. 원고에 대한 재임용거부

(1) 교원의 재임용에 관한 피고 내부의 절차

(가) 피고내부의 규정

1) 피고의 정관은 위 학교 소속 교원에 대한 재임용절차에 관하여, 학교의 교원은 학교의 장이 임명하고(제43조 제3항), 학교의 장이 교원을 임명하고자 할 때에는 교원인사위원회의 동의를 얻어야 하며(제43조 제5항), 교원인사위원회는 학교의 장이 교원을 임면하고자 할 때의 임면동의에 관한 사항을 심의하고(제52조 제1항 제1호), 인사위원회가 임용기간이 만료되는 교원에 대하여 임명의 동의를 함에 있어서 ① 전(前)임용기간중의 연구 실적 및 전문 영역의 학회 활동, ② 학생의 교수·연구 및 생활지도에 대한 능력과 실적, ③ 교육관계법령의 준수 및 기타 교원으로서의 품위 유지 등의 사항을 참작하여야 한다(제53조 제2항)고 규정하고 있다.

2) 피고의 교원 인사 규정은, 교원의 재임용에 관한 연구 실적을 평가하기 위하여 동일 전공 분야의 권위 있는 교내외 교수 중에서 당해 학장의 추천으로 총장이 위촉하는 3인의 교원으로 구성되는 연구실적 심사위원회를 두고(제19, 20조), 연구 실적 심사위원회에서 심사한 결과는 당해 대학원장, 대학장이 의견서를 첨부하여 교원인사위원회에 제출(제23조)하도록 규정하고 있다.

(나) 규정에 따른 절차

1) 위와 같은 규정에 따라 위 학교 소속 교원 중 재임용대상자가 있는

경우, 위 학교 교무처는 재임용대상자에게 연구 실적물을 제출할 것을 통보하고, 재임용대상자로부터 연구 실적물이 제출되면, 재임용대상자의 소속 대학 학장에게 재임용을 위한 심사평정을 의뢰한다.
2) 위 의뢰를 받은 대학장은 재임용대상자에 대하여 다음과 같은 30개 항목에 관하여 최고점 A부터 최저점 E까지의 점수를 부여하고 이를 종합하여 재임용대상자가 재임용적격자인지의 여부를 판정한 교수 재임용 심사 평정표를 작성한 후 이를 위 학교 총장에게 송부한다.
   가) 교수로서의 기본적 자질 : 교육자로서의 인격과 품위, 인간관계, 건강상태
   나) 학문연구 능력과 실적 : 연구능력, 연구 실적, 학문연구에 대한 발전성, 국내외 학술활동(학회 등), 외국어 능력
   다) 교수(강의)능력과 실적 : 교수능력, 수업이행상태, 수업효과, 학습자료 활용도
   라) 학생지도능력과 실적 : 분담 지도실적, 학생지도에 대한 열의 및 자세, 면학분위기 조성을 위한 노력과 실적, 학내외 행사참여 및 지도실적
   마) 국가사회에 대한 기여도 : 국가사회발전에 학문적으로 참여한 실적, 국가사회의 구성원으로서의 사회적 책임감, 지역사회발전을 위한 기여도, 건전한 국가관의 확립
   바) 근무상황 : 출근상황, 근무자세, 타대학 출강상황, 본직이외 업무의 종사관계, 상벌관계
   사) 기타사항 : 학내.학과내의 인화관계, 불평.불만 습성적 소유여부, 개인생활의 청렴도, 준법정신, 본교 발전을 위한 노력
3) 교원인사위원회는 대학장의 위와 같은 심사평정결과를 기초로 하여 재임용대상자를 재임용할 것인지의 여부를 심의한 후 그 결과를

피고의 이사회에 보고하고, 위학교의 총장은 피고의 이사회의 의결을 거쳐 교원의 재임용여부를 결정한다.
(2) 원고의 연구 실적 제출과 피고의 판단
  (가) 피고는 1995. 11. 24. 경원고를 비롯하여 임용기간이 1996. 2. 29.로 만료되는 교원들에 대하여, 재임용 여부의 심사를 위한 연구 실적 목록(현 임용기간 중에 발표된 연구 실적 200% 이상)과 연구 실적물(위 연구 실적의 증빙자료로서 연구 실적이 게재된 학술지 원본이나 별쇄본)을 1995. 12. 12.까지 △△△대학교 교무과로 제출할 것을 통보하였다.
  (나) 원고는 재임용 심사를 위한 연구 실적으로서 △△△대학교에 다음과 같은 논문을 제출하였다.
    1) 논아벨리언 천사이몬 입사들의 페이스 스페이스 구조(Phase space structure of non-Abelian Chern-Simmons Particles) : 1994. 8. 미국 '수리물리'지(Journal of Mathematical Physics)에 발표
    2) 복수 프로젝트 공간과 세미클래시컬 이그잭트니스에 대한 액션 앵글 변수들(Action angle Variables for complex projective space and semiclassical exactness) : 1994. 11. '현대물리학(Modern Physics Letters)'에 발표
    3) 프래그 다양체 상의 인테그러블 시스템과 코히런트 상태 패스인테그랄(Integrable systems on flag manifold and coherent state path-integral) : 1995. '현대물리학(Modern Physics Letters)'에 발표
(2) 평정권자의 평정
원고에 대한 재임용 심사를 위한 평정권자인 위 학교 이과대학장은 원고에 대하여 다음과 같은 평정을 하고, 1996. 1. 26. 그 결과를 위 학교 총장에게 보고하였다.
  (가) 비(B)로 평정한 항목
    1) 학문연구 능력과 실적 : 연구능력, 연구 실적, 학문연구에 대한 발

전성, 국내외 학술활동(학회 등), 외국어 능력
   2) 국가사회에 대한 기여도 : 국가사회발전에 학문적으로 참여한 실적, 국가사회의 구성원으로서의 사회적 책임감, 지역사회발전을 위한 기여도, 건전한 국가관의 확립
   3) 근무상황 : 타대학 출강상황, 본직이외 업무의 종사관계
   4) 기타사항 : 개인생활의 청렴도, 준법정신
(나) 디(D)로 평정한 항목
   1) 교수로서의 기본적 자질 : 교육자로서의 인격과 품위, 인간관계
   2) 교수(강의)능력과 실적 : 교수능력, 수업이행상태, 수업효과, 학습자료 활용도
   3) 학생지도능력과 실적 : 분담 지도실적, 학생지도에 대한 열의 및 자세, 면학분위기 조성을 위한 노력과 실적, 학내외 행사참여 및 지도실적
   4) 근무상황 : 출근상황, 근무자세
   5) 기타사항 : 학내·학과내의 인화관계, 불평·불만 습성적 소유여부
(다) 이(E)로 평정한 항목
   1) 근무상황 : 상벌관계
   2) 기타사항 : 본교 발전을 위한 노력
(3) 원고의 재임용 탈락
위 학교교원인사위원회는 위 평정결과에 터잡아 1996. 2. 2. 만장일치로 원고를 재임용에서 제외하기로 하였고, 피고의 이사회 또한 1996. 2. 12. 만장일치로 원고를 재임용에서 제외할 것을 의결하였으며, 위학교 총장은 1996. 3. 1. 원고가 재임용 심사에서 탈락하였음을 이유로 원고를 조교수로서 재임용하지 아니하기로 결정(이하 '이 사건 재임용거부결정'이라 한다)하였다.

2. 당사자들의 주장

가. 원고의 주장

원고는 이 사건 청구원인으로서, 이 사건 재임용거부결정은 다음과 같은 사유로 무효이고, 이를 전제로 원고에 대한 임용기간이 도과되었다는 사유만으로는 원고가 위 학교 교원으로서의 지위를 상실하는 것은 아니므로, 이 사건 재임용거부결정의 무효와 그가 피고 운영의 △△△대학교의 교수지위를 가지고 있다는 점에 대한 각 확인을 구한다고 주장한다.

(1) 이 사건 재임용거부결정이 사립학교법(2005. 1. 27. 법률 제7352호로 개정된 것, 이하 '현행 사립학교법'이라고만 한다) 제53조의2 소정의 절차를 거치지 아니하여 무효라는 주장

헌법재판소는 2003. 2. 27. 사립대학교원에 대한 기간임용제를 규정한 사립학교법(1997. 1. 13. 법률 제5274호로 개정되기 전의 것, 이하 '구 사립학교법'이라고만 한다) 제53조의2 제3항에 대하여, 임용기간이 만료되는 교원을 별다른 하자가 없는 한 다시 임용하여야 하는지의 여부 및 재임용 대상으로부터 배제하는 기준이나 요건, 그 사유의 사전통지 절차, 부당한 재임용 거부의 구제에 관한 절차에 관하여 아무런 규정을 두고 있지 않다는 이유로 헌법불합치결정을 하였는 바, 헌법불합치결정도 위헌결정의 경우와 같은 범위에서 소급효가 인정되고, 헌법재판소의 위헌결정의 효력은 결정 이후에 제소된 사건에도 미치는 것이며, 위헌법불합치결정에 따라 구 사립학교법은 현행 사립학교법으로 개정되었는데, 현행 사립학교법 제53조의2는 대학교육기관의 교원의 재임용과 관련하여 '기간을 정하여 임용된 사립대학 교원의 임면권자는 당해 교원의 임용기간이 만료되는 때에는 임용기간 만료일 4월 전까지 임용기간이 만료된다는 사실과 재임용심의를 신청할 수 있음을 통지하여야 하고(제4항), 그 통지를 받은 교원이 재임용을 받고자 하는 경우에는 재임용심의를 임면권자에게 신청하여야 하며(제5항), 그 재임용심의를 신청받은 임면권자는 교원인사위원회의 재임용심의

를 거쳐 재임용 여부를 결정하고 그 사실을 임용기간 만료일 2월 전까지 당해 교원에게 통지하여야 하고, 이 경우 당해 교원을 재임용하지 아니하기로 결정한 때에는 재임용하지 아니하겠다는 의사와 재임용 거부사유를 명시하여 통지하여야 하며(제6항), 교원인사위원회가 당해 교원에 대한 재임용 여부를 심의함에 있어서는 학생교육, 학문연구, 학생지도에 관한 사항에 대한 평가 등 객관적인 사유로서 학칙이 정하는 사유에 근거하여야 하고, 심의과정에서는 15일 이상의 기간을 정하여 당해 교원에게 지정된 기일에 교원인사위원회에 출석하여 의견을 진술하거나 서면에 의한 의견 제출의 기회를 주어야 하며(제7항), 재임용이 거부된 교원이 재임용거부처분에 대하여 불복하고자 하는 경우에는 그 처분이 있음을 안 날부터 30일 이내에 교원지위 향상을 위한 특별법 제7조 규정에 의한 교원소청심사위원회에 심사를 청구할 수 있다(제8항)'라고 규정하고 있는 바, 헌법재판소의 위 헌법불합치결정의 효력은 이 사건에 대하여도 소급적으로 적용되어야 하는데, 이 사건 재임용거부결정은 위 헌법불합치결정의 취지에 따라 개정된 현행 사립학교법 제53조의2에서 규정하고 있는 재임용 심사의 절차를 따르지 아니하였으므로 무효이다.

(2) 이 사건 재임용거부결정이 피고의 재량권을 일탈, 남용하여 이루어진 것으로서 무효라는 주장

재임용대상교원은 재임용 심사를 받음에 있어 합리적 기준에 따른 공정한 심사를 받을 조리상의 권리를 가지고, 대학당국은 재임용 심사 대상자인 교원이 그 심사기준에서 정한 결격사유가 없으면 당해 교원에 대한 재임용 결정을 하여야 할 신의칙상 의무가 있는바, 임용권자의 재임용거부가 합리적인 기준에 의한 공정한 심사를 거치지 않는 등의 사유로 사회통념상 현저히 타당성을 잃었다고 볼 만한 사정이 있는 경우, 그 재임용거부는 재량권을 일탈, 남용한 것으로서 무효인데, 원고에 대한 이 사건 재임용거부결정은 아래와 같은 사정으로 무효이다.

(가) 이 사건재임용거부결정의 동기

피고가 이 사건 재임용거부결정을 하게 된 동기는, 원고가 위와 같이 위 학교 1995년도 대학별고사 입시문제의 오류를 지적한 데 대한 보복을 위한 것이다.

(나) 이 사건재임용거부결정의 하자

1) 학문연구능력과 실적에 대한 평가상의 하자

가) 절차상의 하자

피고는 원고에 대한 이 사건 재임용거부결정을 함에 있어서, 교원인사규정에 따른 연구 실적 심사위원을 선정하지도 아니하였고, 원고가 제출한 논문에 대한 연구 실적 심사위원회의 구체적인 심사결과와 대학원장, 대학장의 의견서가 작성·제출된 바도 없다.

나) 실체상의 하자

원고가 이 사건 재임용 심사를 받기 위하여 제출한 논문 3편은 모두 사이언스 사이테이션 인덱스[Science Citation Index(SCI, 이하 '에스씨아이'라 한다)]에 가입되어 있는 미합중국 '수리물리'지와 '현대물리학'지에 실린 것으로서, △△△대학교 이과대학의 '교수 연구업적 평가에 관한 내규'에 의하더라도 이와 같은 논문집에 실린 논문은 가장 큰 가중치인 2.0을 적용하게 되어 있는 등 우수한 논문으로 평가되는 것인데, 피고는 아무런 합리적 이유없이 원고가 제출한 위 논문들에 대하여 부적격 판정을 함으로써, 재임용 심사 과정에서 원고의 연구 실적을 0%로 평가하였다.

2) 원고에 대한 평정상의 하자

원고에 대한 평정권자인 위 학교 이과대학장은 이 사건 재임용거부결정의 기초가 된 원고에 대한 평정을 함에 있어 원고에 대한 위 징계자료를 그 기초로 삼았는데, 원고에 대한 징계처분에 있어 인정된 징계원인사실은 원고가 수업시간에 거의 출석을 부르지 않았기 때문에 출석을 한 번도 하지 아니한 학생에게 학점을 부여한 경우가 있었다는 점뿐이므로, 그 이외의 사유를 들어 행한 원고에 대한 평정은 무효이고, 그에 터 잡은 이 사건 재임용거부결정 또한 무효이다.

나. 피고의 주장

(1) 부적법한 소라는 주장

원고는 이 사건 재임용거부결정에 대하여 교육부 교원징계재심위원회 또는 교육인적자원부 소청심사위원회에 재심 또는 소청심사를 제기하였다가 모두 각하결정을 받고도 그에 대하여 행정소송을 제기하지 아니하였는바, 교수 재임용 심사에 불복하려는 사람은 위 결정에 대하여 재심청구나 행정소송을 제기함으로써 권리침해를 구제받아야 하고 민사소송으로 교수지위의 확인을 구할 수는 없으므로, 이 사건 소는 부적법하다.

(2) 이 사건재임용거부결정이 유효하다는 주장

1996년도 교원 재임용 심사시 원고를 포함한 재임용 대상 교원에 대하여 피고의 정관 및 인사관리규정에서 정한 절차를 거쳐 평가하였는데, 원고는 학생평가 시 필수 이수과목에 대하여 전혀 출석하지 아니한 학생에게 학점을 부여하는 등으로 학칙과 복무규정을 위반하였고, 교수회의에 대부분 불참하는 등 직무에 태만하였으며, 동료 교수를 공연히 비방하는 등 교수로서의 품위를 손상하는 행위를 함으로써 재임용 부적격 판정을 받은 것이므로, 이 사건 재임용거부결정은 피고에게 주어진 재량권의 범위 내에서 이루어진 적법한 것이다(원고는 피고 제출의 2006. 11. 3.자 준비서면에 기재된 주장에 대하여 그것이 실기한 공격·방어방법에 해당한다고 주장하는바, 피고가 이 법원이 정한 준비서면의 제출기한을 어겨 위 준비서면을 제출하기는 하였으나, 피고가 제1심에서 이 사건 재임용거부결정이 정당한 것이라는 취지의 주장을 하였고, 그 주장이 각하되지 아니한 채 항소심인 이 법원에까지 유지되어 있으며, 위와 같이 제출기한을 어겨 제출된 준비서면에서는 위 주장취지를 좀더 명확히 하는 주장을 하였을 뿐이지 새로운 주장을 한 것은 아니므로, 위와 같이 정리된 피고의 주장을 실기한 공격·방어방법이라 할 수는 없다).

3. 본안전 항변에 관한 판단

가. 을제1호증의 1, 2의 각 기재에 변론 전체의 취지를 종합하면, 원고는 1996. 3. 13. 이 사건 재임용거부결정에 대하여 구 교원지위향상을위한특별법(2001. 1. 29. 법률 제6400호로 개정되기 전의 것, 이하 '구 교원지위법'이라 한다)에 따라 교육부 교원징계재심위원회에 재심을 청구하였으나 1996. 4. 23. 각하결정을 받은 사실, 원고는 다시 2005. 2. 25. 이 사건 재임용거부결정에 대하여 교원지위향상을위한특별법(이하 '현행 교원지위법'이라고만 한다)에 따라 교육인적자원부 소청심사위원회에 소청심사를 청구하였으나, 2005. 4. 4. 위위원회로부터 다시 각하결정을 받은 사실, 원고는 위 각 결정서의 송달을 받은 날부터 60일 이내에 행정소송을 제기하지 아니함으로써 위 각 결정이 확정된 사실을 인정할 수 있다.

나. 그런데, 구교원지위법 및 현행 교원지위법 제1조가 '이 법은 교원에 대한 예우 및 처우를 개선하고 신분보장을 강화함으로써 교원의 지위를 향상시키고, 교육발전을 도모함을 목적으로 한다'라고 그 법의 목적을 규정하고 있는 점에 비추어 보면, 위 각법 소정의 재심 또는 소청심사는 교원에 대하여 특별히 인정된 징계처분 기타 그 의사에 반하는 불리한 처분에 대한 불복방법으로서, 그러한 불복방법이 있다고 하여 위 결정에 대한 불복이 아닌 처분 자체에 대하여 소송의 방법으로 불복하는 것이 배제된다고 할 수는 없고, 또한 원고와 같은 사립학교교원에 대한 임용 계약의 법적 성질은 사법(私法)상의 고용계약에 해당하여(대법원 2000. 12. 22. 선고 99다55571 판결 등 참조), 재임용에서 탈락된 사립학교교원이 학교법인을 상대로 재임용거부결정의 효력을 다투기 위하

여는 민사소송절차에 의하여야 하는 것이므로, 원고가 위 각 위원회로부터 위와 같이 각하결정들을 받은 후 그에 대한 재심청구나 행정소송을 제기하지 아니하고 이 사건 민사소송을 제기하였다 하여도 이 사건 소를 부적법하다 할 수는 없는 것이어서, 피고의 위 본안전 항변은 이유 없다.

4. 이 사건 재임용거부결정이 무효인지의 여부에 관한 판단

   가. 현행사립학교법 소정의 재임용절차를 거치지 아니하여 이 사건 재임용거부결정이 무효라는 주장에 관한 판단

   (1) 헌법재판소가 2003. 2. 27. 구 사립학교법 제53조의2 제3항에 대하여 원고 주장과 같은 사유로 헌법불합치결정을 하였으나, 헌법불합치결정은, 헌법재판소가 그 결정의 대상이 된 법률 또는 법률조항이 위헌임에도 불구하고, 그에 대하여 위헌결정을 하여 곧바로 그 효력을 상실시키면 오히려 불합리한 결과를 가져오게 되므로, 입법자가 그 법률을 개정하여 위헌성을 제거할 때까지 효력 상실 시기를 미루기로 결정할 필요가 있는 경우에 하는 결정으로서, 그 법률조항을 합헌적으로 개정 또는 폐지하는 임무를 입법자의 형성 재량에 맡겨 놓은 결정이고, 이러한 헌법불합치결정에 따라 입법자가 위헌성이 제거된 개선입법을 하는 경우 그 개선입법의 소급적용 여부와 소급적용의 범위는 원칙적으로 입법자의 재량에 달려 있는 것이며(헌법재판소 2006. 6. 29.자 2004헌가3 전원재판부 결정, 대법원 2006. 7. 6. 선고 2005다16041 판결 등 참조), 예외적으로 헌법불합치결정의 취지나 위헌심판에서의 구체적 규범통제의 실효성 보장이라는 측면을 고려할 때, 적어도 위 헌법불합치결정을 하게 된 당해 사건 및 그 헌법불합치결정 당시에 헌법불합치결정의 대상이 된 법률조항의 위헌 여부가 쟁점이 되어 법원에 계속중인 사건에 대하여는 그 헌법불합치결정의 소급효가 미친다고 하여야 할 것이다(위 2005다16041 판결 등 참조).

   (2) 그런데, 현행 사립학교법 부칙 제1항은 '이 법은 공포한 날(2005. 1. 27.)부터 시행한다', 제2항은 '개정 법률 시행 당시 종전의 규정에 의하여 기간을

정하여 임용되어 재직 중인 대학교육기관교원에 대하여는 개정 규정에 의한다'라고 각 규정하고 있고, 헌법재판소법 제47조 제2항은 '위헌으로 결정된 법률 또는 법률의 조항은 그 결정이 있는 날로부터 효력을 상실한다. 다만, 형벌에 관한 법률 또는 법률의 조항은 소급하여 그 효력을 상실한다'라고 규정하고 있는 바, 위 각 규정들의 취지 및 앞서 본 법리를 종합하면, 위 헌법불합치결정이나 현행 사립학교법의 시행 이후에 제기된 이 사건에 있어서 교수 재임용 절차에 관하여 적용되어야 할 규정은 현행 사립학교법이 아니라 원고가 이 사건 재임용거부결정을 받은 당시의 법률인 구 사립학교법이라 할 것이므로, 이 사건에 있어 현행 사립학교법이 적용됨을 전제로 하는 원고의 위 주장은 더 나아가 살펴 볼 필요 없이 이유 없다(원고는 대법원 2000. 2. 25. 선고 99다54332 판결 등을 인용하면서 위헌결정 이후에 그와 같은 이유로 제소된 일반 사건에도 위헌결정의 효력이 미친다고 주장하나, 원고가 인용한 위 대법원판결의 사안은 헌법재판소가 단순위헌결정을 함으로써 그 사건에 적용될 법률이 없어진 때의 것으로서, 헌법불합치결정과 그 취지에 따른 개선입법이 행하여진 경우인 이 사건과는 그 사안을 달리한다).

나. 이 사건 재임용거부결정이 재량권을 일탈·남용하여 이루어진 것인지의 여부에 관한 판단

(1) 기간제로 임용되어 임용기간이 만료된 대학교원은 교원으로서의 능력과 자질에 관하여 합리적인 기준에 의한 공정한 심사를 받아 위 기준에 부합되면 특별한 사정이 없는 한 재임용되리라는 기대를 가지고 재임용 여부에 관하여 합리적인 기준에 의한 공정한 심사를 요구할 법규상 또는 조리상 신청권을 가지고 있는 점(대법원 2004. 4. 22. 선고 2000두7735 전원합의체 판결 등 참조)은 원고가 지적하는 바와 같으나, 그러한 사정만으로 바로 이 사건 재임용거부결정이 무효라거나 원고가 위 학교교수로서의 지위를 유지한다고는 볼 수 없고, 이 사건 재임용거부결정이 합리적인 기준에 의

한 공정한 심사를 거쳐 이루어진 것인지의 여부를 따져 보아야 할 것이므로, 이 사건에 있어 이 사건 재임용거부결정의 근거가 된 위 학교 이과대학장의 원고에 대한 평정내용이 이 사건 재임용거부결정이 피고의 정관에 규정된 재임용 기준인 '전(前)임용기간중의 연구 실적 및 전문영역의 학회활동, 학생의 교수·연구 및 생활지도에 대한 능력과 실적, 교육관계법령의 준수 및 기타 교원으로서의 품위유지'라는 기준에 부합하여 합리적이고 공정하게 이루어진 것인지, 아니면 위법 또는 부당하게 이루어진 것인지의 여부에 대하여 살핀다.

(2) 인정되는 사실

다음의 사실은 갑 제29호증의 1 내지 33, 갑제30호증의 1 내지 3, 을제3호증의 1, 2부터 을 제14호증의 1 내지 8, 을제17호증의 1 내지 9의 각 기재(원고는 위 각 서증 중 학생들의 진술을 기재한 서면인 을 제8호증의 2, 4, 6, 을제9호증의 3 내지 9가 원고로부터 C, D학점을 받을 정도로 불성실하고 위와 같은 성적부여에 따라 원고에 대하여 불만을 가진 학생들의 진술을 기재한 것이어서 그 신빙성이 없다고 주장하나, 을제8호증의 5, 을제9호증의 3, 8의 각 기재에 의하면 원고로부터 최고성적인 A+학점을 부여받은 ○○○조차 같은 취지의 진술을 하고 있는 사실이 인정되므로, 위 서증들의 기재는 모두 그 신빙성이 있다 할 것이어서 원고의 위 주장은 이유 없다)와 당심 증인 ○○○, ○○○의 각 증언(원고는, 위증인 ○○○가 원고에 대한 이 사건 재임용거부결정을 주도적으로 이끈 사람이고, 위증인 ○○○가 원고로부터 낮은 성적을 받은 학생이어서 그들의 각 증언에 신빙성이 없다는 취지로 주장하나, 위 증언들의 취지가 앞서 본 바와 같이 신빙성이 인정되는 각 서증들의 기재와 같으므로 위 증언들 또한 신빙성 있다 할 것이어서 원고의 위 주장을 받아들이지 아니한다)에 변론 전체의 취지를 종합하여 이를 인정할 수 있다(원고는 아래와 같은 사실인정여부에 관한 이 법원의 심리에 대하여, 그것이 위와 같이 확정된 원고에 대한 징계처분에서 인정된 사실에 관한 것이어서 일사부재리의 원칙에 반하고, 형사사건에서 확정된 사실을 특별한 사정이 없는 한 민사사건에서 배척할 수 없다는 취지의 대법원판례에도 어긋난다고 주장하나, 징계처분과 재임용거부처분은 그 성질을 달리하므로 징계원인사실과 같은 사유로 재임용거부를 하였다 하여 그것이 일사부재리의 원칙에 어긋난다고 할 수 없고, 원고 주장과 같이 원고에 대하여 확정된 처분은 징계처분일 뿐 형사처분이 아니어서 이 법원으로서는 증거에 의하여 위 징계처분에서 인정된 사실과 다른 사실을 인정할 수 있는 것이므로, 원고의 위 주장을 받아들이지 아니한다).

(가) 1993학년 2학기 동안의 원고의 행위

1) 원고는 1993학년 2학기에 교양필수인 수학 II과목과 전공 선택인 위상수학 II과목을 담당하였는바, 수학 II과목의 수강학생 47명 중 14명이 수강을 철회하였고, 위상수학 II과목 수강학생 20명 중 3명에게 A+학점을, 나머지 17명에게 B+학점을 각 부여하였으며, 수학 II과목에 관하여 원고가 출석부에 기재하여 둔 학생들의 성적과 위 학교 당국에 제출한 학생들의 성적 사이에는 별지 1993학년 2학기 수학 II과목 성적비교표 기재와 같은 차이가 있다.

2) 원고는 외부연사 강연 후 다른 수학과 교수들에게 '원로교수들은 학생들이 포기한 사람이다'라는 말을 하였다.

(나) 1994학년 1학기 동안의 원고의 행위

1) 원고는 1994학년 1학기에 교양필수인 수학 I과목과 각 전공필수인 집합론과목 및 위상수학 I과목을 담당하게 되었는데, 집합론 및 위상수학 I과목의 첫 수업시간에 학생들에게 '공부하기 싫은 사람은 한 학기 내내 수업에 들어오지 않아도 D학점을 줄테니 수업방해는 하지 마라'는 말을 하였다.

2) 원고는 1994. 4. 13. 12:00경 정년퇴임하는 교수의 후임자 전공결정을 위한 학과교수회의석상에서 선배이자 원로교수인 ○○○에

게 '당신 전공은 학과를 위해서 별로 필요가 없고 만일 대학원 학생을 위한다면 내가 당신 과목을 다 강의할 수 있으니 걱정말라'고 말하고, 이어 원래 있었던 전공과정을 없앨 수 없다는 ㅇㅇㅇ의 지적에 '말 같지도 않는 말 하지 말아요'라고 대응하였다.

3) 원고는 집합론과목 수강학생 55명 중 3명에게 A학점을, 9명에게 B학점을, 27명에게 C학점을, 13명에게 D학점을, 3명에게 F학점을 각 부여하였고, 위상수학 I과목 수강학생 23명 중 1명에게 A학점을, 2명에게 B학점을, 10명에게 C학점을, 10명에게 D학점을 각 부여하였으며, 수학 II과목에 관하여 원고가 출석부에 기재하여 둔 학생들의 성적과 위 학교 당국에 제출한 학생들의 성적 사이에는 별지 수학 I과목 성적비교표 기재와 같은 차이가 있다.

(다) 1994학년 2학기 동안의 원고의 행위

1) 원고는 1994학년 2학기에 교양필수인 수학 II과목과 전공 선택인 위상수학 II과목을 담당하게 되었는데, 위상수학 II과목의 수강신청자가 최소수강인원인 10명에 미달되어 폐강의 위기를 맞게 되자, 학생인 ㅇㅇㅇ를 통하여 수강신청만 해 놓으면 B학점은 보장할 테니 많이 신청하고, 졸업 시험에 출제할 것이니 많이 홍보하라는 말을 하였다.

2) 당초 수학 II과목의 수강을 신청한 학생은 모두 55명이었으나, 중간고사실시 후 32명의 학생이 수강철회를 하였고(이미 원고로부터 수강하였던 학생들이 원고의 강의를 듣지 말라고 만류하여 위와 같은 수강철회현상이 발생하였다), 한편 원고는 위상수학 II과목의 수강학생 15명 중 6명에게 A학점을, 5명에게 B학점을, 3명에게 C학점을, 1명에게 D학점을 각 부여하였는데, 위 학교 학칙에는 수업의 3분의 2 이상 출석한 학생에게만 성적을 부여하도록 규정되어 있음에도 불구하고, 위 학생들 중 ㅇㅇㅇ는 위 과목의 수업에 전혀

출석하지 아니하고도 최고점인 A+학점을 부여받았으며, 수학 II과목에 관하여 원고가 출석부에 기재하여 둔 학생들의 성적과 위 학교 당국에 제출한 학생들의 성적 사이에는 별지 1994학년 2학기 수학 II과목 성적비교표 기재와 같은 차이가 있다.

(라) 1995학년 1학기 동안의 원고의 행위

1) 원고는 1995학년 1학기에 4학년의 전공필수인 위상수학 I과목을 담당하게 되었는데, 1995. 5.경 위 과목의 수업시간 중 학생들에게, 위 입학시험 문제출제 관계자를 지칭하여 '그런 씨팔놈이 어디 있느냐'는 말과 '전철에서 노약자나 애기와 동행한 엄마에게 절대로 자리를 양보하지 말라'는 말을 하였다.

2) 원고는 위 과목의 기말고사 전 수업 시간 중에 위 과목 수강학생들에게 그들 중 5명에게 F학점을 부여하여 4학년이라도 졸업을 시키지 않겠다는 말을 하여, 4학년으로서 졸업을 앞두고 있고 아무리 열심히 공부를 한다 하여도 5명은 F학점을 받을 수밖에 없고, 그 대상자가 누구인지를 몰라 자기 자신이 될 수도 있다는 위기의식을 느낀 학생들은 토론을 거쳐 원고의 처사에 항의하는 뜻으로 기말고사에서 백지답안지를 제출하기로 결의하고, 위 과목의 수강학생 52명 중 30명이 백지답안지를 제출하였고, 이에 원고는 위 학생들에게 재시험의 기회를 줌과 아울러 C 또는 D학점을 부여하였으나, 원고로부터는 학점을 취득하지 않겠다는 학생들의 대응에 결국 재시험에 응시한 2명을 제외한 나머지 28명을 포함한 29명에게 F학점을, 5명에게 A학점을, 14명에게 B학점을, 2명에게 C학점을, 2명에게 D학점을 각 부여하였다(원고는 수업에 불성실하게 임한 학생들이 위와 같이 백지답안지를 제출한 것일 뿐이라고 주장하나, 을제17호증의 5의 기재에 의하면, 위 과목에서 원고로부터 B학점을 부여받은 ○○○, ○○○, ○○○, ○○○, ○○○, ○○○조차도 원고가 4학

년 학생들에게 전공필수과목에 대한 F학점의 압박감을 심어 주었다고 진술한 사실이 인정되므로, 원고의 위 주장은 이유 없다).
3) 위와 같이 F학점을 받은 학생들은 학교 당국에 위상수학 I과목의 추가개설을 요구하였고, 1995학년 여름방학에 추가 개설된 강좌를 통하여 학점을 취득함으로써 졸업을 할 수 있게 되었다.

(마) 그 외의 원고의 행동

1) 원고는 수업시간 중 시위(示威)로 인한 소리가 귀에 거슬리자 '저런 새끼들이 학생이냐', '저런 놈들을 총으로 쏴 죽여 버리고 싶다'라는 말을 하였고, 수업 중 공공연히 '내가 내년에 학과장이 되면 과내 모든 써클을 없애버리고, 학생회도 없애버리겠다'고 말하였으며, 수업 중 △△△대학교 출신 교수들을 대상으로 '그런 사람이 무슨 교수냐'는 말을 하고, 수업시간 중 '교생실습은 본인들이 공부가 하기 싫어서 나가는 것이니 나는 인정할 수 없다'(위 증인 ㅇㅇㅇ의 증언에 의하면 위 수학과 소속 학생 중 교생실습을 하는 학생들은 우수한 학생들이었던 사실이 인정된다), '나는 부모님하고 같이 산다. 아버님은 1층에, 나는 2층에 산다. 그런데, 본 지 한 2주일은 된 것 같다', '애가 어렸을 때 잠자는데 울길래 패버렸다', '취직은 나와 상관없다. 어느 회사에 합격을 하더라도 내가 졸업 안 시키면 못하는 거다. 맘대로 해라', '너희들은 해도 안 되니, 지금 이야기를 하라. F는 주지 않겠다', '성대 대학원에는 오지말라'고 말하였고, 1993. 1학기 집합론 수업시간 중에 학생들에게 '성대 수학과 대학원생들은 쭉정이들이다'라고 말하였다.

2) 원고는 유학을 위하여 원고로부터 추천서를 교부받으려는 학생인 ㅇㅇㅇ에게 '저쪽(자신을 제외한 다른 교수)에서 추천서를 받으려면 나에게는 받을 생각하지 말고 나에게 추천서를 받으려면 저쪽을 포기하라'고 하면서, 위 학교 소속 ㅇㅇㅇ 교수의 전공인 해석학

을 가리켜 '유학을 가서 공부를 할 때도 후진 해석학을 하지 말고 기하학쪽으로 하라'고 말하였다.
3) 원고는 횡단보도를 지나갈 때 이를 가로막고 있는 차량을 보고 같이 있던 학생인 ○○○에게 '도끼로 잘라버리고 싶다'라는 말을 하고, 수업시간 중에는 '그동안 여러분이 배운 것은 모두 필요 없으니 다시 나한테 배워야 한다'라고 말하였다.
4) 원고는 위 학교 수학과 동아리에서 학생들에게 '씨팔놈', '개새끼'라는 욕설을 하였다.
5) 원고는 1993. 교수모임 자리에서 동료교수에게 '성대 대학원에 오면 무엇 하나 취직도 못할텐데'라는 말을 하였고, 1994. 학기 초에 위 학교 신임교수로서 부임인사차 방문한 교수 ○○○에게 '성대 수학과가 망했으면 좋겠다'라고 말하면서 학과를 파괴하는데 동참할 것을 권유하였으며, 1991.경부터 1995.경까지 사이에 대학원생들에게 박사과정학생을 1명도 지도할 계획이 없다고 공언하고, 실제로 박사과정에 재학중인 학생을 1명도 지도하지 아니하였으며, 심지어 원고에게 배정된 석사과정학생 중에서도 1명만을 지도하였을 뿐만 아니라, 우수한 학생들을 다른 학교로 보내는 행위를 하였다.
6) 원고는 1주일에 2 내지 4회 정도만 출근하면서도 14:00경에 출근하였고, 연구실 내에 있는 때에도 연구실 문에 부착된 표지판을 항상 '재실'이 아닌 '교내'로 표시하여 둠으로써 몇몇 사람만을 연구실에 출입시키면서 마음에 들지 않는 학생을 출입시키지 아니하였으며, 한 학기에 10학점 이상 강의하지 않으면서 다른 사람이 퇴근한 7 내지 9교시에만 수업을 하였고, 1994. 11.경부터 12.경까지 사이에 위 학교 수학과에 해석학 전공교수를 충원할 계획도 없을 뿐만 아니라 교수인사에 관한 사항은 대외비여서 외부에 알려서는 아니

됨에도 불구하고 조교인 ○○○에게 해석학 교수가 임용될 것이라는 취지의 말을 하였다.
7) 원고는 1992. 12.경 학과장에게 '앞으로 학과교수회의에는 참석 않을 것과 학과의 작은 일에는 모두 열외시켜 달라'는 통보를 한 이래, 위 학교 전체교수회의를 비롯한 학과교수회의에 거의 참석하지 아니하였다.

(3) 판단
(가) 원고의 연구 실적 및 전문영역의 학회활동에 관한 부분에 대한 판단
위 인정사실들에 의하면, 원고는 충분한 연구 실적을 거두어 연구 실적 및 전문영역의 학회활동 부분에 관하여는 피고의 재임용 기준에 부합한다 할 것인 바, 한편 앞서 본 바와 같이 위 이과대학장이 원고의 연구능력, 연구 실적, 학문연구에 대한 발전성, 국내외 학술활동, 외국어 능력 등 원고의 실력부분에 있어서는 평균 이상인 B등급을 부여한 점에 비추어 보면, '재임용대상자 연구 실적 목록 및 심사평정결과'(갑 제2호증 중 일부)에 기재된 원고에 대한 '부적격'이라는 표시는 원고 제출의 논문이 재임용대상자 선정을 위한 연구 실적에 미달된다는 취지가 아니라, 원고에 대한 재임용대상자로서의 종합적 평가내용에 대한 것으로 보일 뿐이어서(따라서 피고가 원고에 대한 이 사건 재임용 심사를 함에 있어 원고에 대한 연구 실적을 0%로 인정하였다는 원고의 주장을 받아들이지 아니한다), 원고의 연구 실적 등 학문적 업적에 관한 사항은 이 사건 재임용거부결정에 영향을 미치지 아니하였다 할 것이므로(만일 원고가 재임용에 필요한 연구 실적을 거두지 아니하였다면 위 이과대학장으로서는 위와 같이 B등급을 부여한 항목들에 대하여도 평균 이하의 등급을 부여하였어야 할 것이다), 원고 주장과 같이 피고의 연구실적심사위원회가 구성되지 아니하였다거나 위 심사위원회가 원고에 대한 재임용 심사를 위한 연구 실적을 평가함에 있어

원고 제출의 논문들이 연구 실적 평가에 적합하지 아니하다는 판정을 한 사실이 있다 하여도, 이 사건 재임용거부결정에 아무런 영향을 미치지 아니한 위 사실을 들어 이 사건 재임용거부결정이 비합리적이라거나 불공정하다고 할 수는 없다.

(나) 원고의 학생에 대한 교수·연구 및 생활지도에 대한 능력과 실적, 교육관계법령의 준수 및 기타 교원으로서의 품위유지 부분에 대한 판단

1) 원고의 위 학교 재직 기간 중에 시행 중이던 구 교육법(1997. 12. 13. 법률 제5437호 교육기본법의 시행으로 폐지되기 전의 것)은, '교육은 홍익인간의 이념아래 모든 국민으로 하여금 인격을 완성하고 자주적 생활능력과 공민으로서의 자질을 구유(具有)하게 하여 민주국가발전에 봉사하며 인류공영의 이념실현에 기여하게 함을 목적으로 하고(제1조), 교육의 제도, 시설, 교재와 방법은 항상 인격을 존중하고 개성을 중시하여 교육을 받는 자로 하여금 능력을 최대한으로 발휘할 수 있도록 하여야 하며(제4조), 교원은 항상 사표(師表)가 될 품성과 자질의 향상에 힘쓰며 학문의 연찬과 교육의 원리와 방법을 탐구연마하여 국민교육에 전심전력을 하여야 하고(제74조), 대학은 국가와 인류사회 발전에 필요한 학술의 심오한 이론과 그 광범하고 정치한 응용방법을 교수연구하며 지도적 인격을 도야하는 것을 목적으로 한다(제108조)'라고 규정하고 있다.

2) 위 규정들의 취지를 종합하여 보면, 대학의 교원은 우리 사회의 지도자를 양성하기 위한 최고의 교육을 담당하는 사람으로서 국가의 발전과 더 나아가 인류공영에 이바지할 수 있는 사람을 키우는 중요한 책무를 수행하기 위하여, 스스로 학생들에게 모범이 될 품성과 자질을 가지고, 학생들의 인격을 존중하며, 가지고 있는 심오한 학술을 전수하는 능력과 방법을 갖추고 있어야 할 것이다.

3) 돌이켜 이 사건에 있어 살피건대, 위 인정사실에 의하여 알 수 있는 다

음과 같은 사정, 즉 ① 원고가 학생들이나 수학과 교수들의 인격, 실력을 무시하거나 학생들이 따라 해서는 안 될 언행을 한 점, ② 원고로서는 자신이 가지고 있는 학문적 성과를 교육소비자인 학생들의 수준에 맞게 제대로 전수하였어야 할 것인데, 그가 담당하였던 교과목의 대부분의 학생들로 하여금 평균 이하의 성적(C, D, F학점)을 받도록 한 점에 비추어 보면, 원고가 학생들에게 적합한 교수능력을 갖추고 있었다고 보기에 부족한 점, ③ 원고가 교원으로서 학생들의 존경의 대상이 되지 못하고 오히려 학생들로부터 집단적인 시험거부를 당하기까지에 이른 점, ④ 원고가 그의 동료교수들과 화합하지 못할 뿐만 아니라, 오히려 그들 및 학교를 존중하지 아니하는 언행을 하여 그들 또한 원고와 함께 근무할 수 없다는 일치된 의견으로 위 학교 총장에 대해 원고에 대한 징계를 청원한 점, ⑤ 원고가 주로 오후에 출근하였을 뿐만 아니라, 대학원에 재학 중인 학생들 중 우수한 학생들은 다른 학교로 보내고, 최고의 석학에 해당하는 박사과정학생을 전혀 지도하지 아니하는 등 대학원 학생들에 대한 교육에 대하여도 열의를 가지지 아니하였던 데다가, 학생들과 다른 교수들에게 소속 학과를 비난하는 취지의 말을 하는 등 위 학교 소속 교원으로서 위 학교의 발전에 기여한 바가 그리 많아 보이지는 않은 점, ⑥ 학생에 대한 성적부여가 교원의 재량사항이고, 원고로부터 강의를 듣는 학생들이 항상 일치하는 것은 아니라 하더라도, 일부 과목의 경우 모든 학생이 B학점 이상의 성적을 취득한 반면에, 일부 과목의 경우 13% 내지 21% 정도의 학생만이 B학점 이상의 성적을 취득하여 이례적인 것으로 보일만큼 그 성적분포의 편차가 클 뿐만 아니라, 일부 과목의 경우 원고가 학생들에 대하여 일응 부여하였던 성적과 학교 당국에 신고한 학생들의 성적 사이에 상당한 차이가 있는데다가, 이를 100점 만점을 기준으로 환산하였을 때 학생별로 환산비율이 달라, 이법원으로서는 원고가 어떠한 기준에서 학생

들에게 성적을 부여하였는지 알 수 없어(원고는 이 부분에 대한 이 법
원의 석명권행사에 대하여 그것이 석명권행사의 한계를 일탈한 것이
라는 이유로 답변을 거부하였다) 오히려 원고가 자의적(恣意的)으로
학생들에게 성적을 부여한 것이 아닌가하는 의심이 드는 점(특히 원고
가 학칙에 위배하여 수업에 출석하지도 아니한 학생에게 성적을 부여
함으로써 징계처분을 받기도 한 점) 등을 종합하여 보면, 원고에 대한
평정권자인 위 학교 이과대학장이 이 사건 재임용 거부 결정의 기초가
된 원고에 대한 평정을 함에 있어, 원고의 교육자로서의 인격과 품위,
인간관계, 교수 능력, 수업 이행상태, 수업 효과, 학습 자료 활용도, 학
생 분담 지도 실적, 향생지도에 대한 열의 및 자세, 면학분위기 조성을
위한 노력과 실적, 학내외 행사참여 및 지도실적, 출근상황, 근무자세,
학내·학과내의 인화관계, 불평·불만 습성적 소유관계, 본교발전을 위
한 노력의 항목에서 평균 이하인 D, E등급을 부여한 것은 정당하다고
할 것이고, 따라서 원고는 학생에 대한 교수·연구 및 생활지도에 대한
능력과 실적, 교육관계법령의 준수 및 기타 교원으로서의 품위유지라
는 피고의 정관이 정한 재임용 기준에 미달된다 할 것이다.

(라) 원고의 나머지 주장들에 관한 판단

1) 기초사실에서 본 사실들에 의하면, 원고의 위 대학별입학고사 문제
의 오류를 지적한 것이 원고에 대한 징계처분, 부교수 승진 탈락 및
이 사건 재임용거부결정의 한 원인이 된 것으로 보이기는 하나, 한
편 위 '4. 나. (3) (다)'항에서 본 바와 같이 원고가 위와 같이 대학교
원으로서 갖추고 있어야 할 품성과 자질을 지니고 있지 못한 이상,
그러한 사정을 들어 이 사건 재임용거부결정이 부당하다 할 수 없
다(오히려 원고로서는 위와 같이 문제의 오류를 지적함으로써 보
복을 당할 수 있음에도 불구하고 학자적 양심에 따라 정당한 원칙
을 주장하기 위한 용기 있는 행동을 할 것이면, 스스로 자신이 대학

교원으로서 지녀야 할 다른 덕목도 갖출 수 있도록 노력하였어야 할 것인데, 그와 같은 노력을 한 것으로 보이지는 아니할 뿐만 아니라, 심지어 이 법정에서 자신은 전문 지식을 가르치는 것이지 가정교육까지 할 필요는 없다고 진술하고 있어서, 특히 학생의 인격도야를 위한 지도에 관하여서는 별다른 노력을 할 의사가 없었던 것으로 보인다).

2) 또한 원고가 제시하고 있는 대법원 1977. 9. 28. 선고 77다300 판결에서 판시한 '대학교원으로서 부적격하다고 인정되지 아니하는 한 그 재임명 내지는 재임용이 당연히 예정되고 있다고 보아진다'는 법리에 의한다고 하더라도, 위'4. 나. (3) (다)'항에서 본 사정에 의하면, 원고는 대학교원으로서 부적격하다고 인정되므로, 원고 주장의 대법원 판례의 취지에 의한다 하더라도 이 사건 재임용거부결정이 부당하다 할 수 없다.

(4) 소결론

따라서, 원고가 피고의 정관에서 정한 위 학교 교수로서의 재임용 기준 중, '전(前)임용기간중의 연구 실적 및 전문영역의 학회활동'이라는 기준에는 적합한 요건을 갖추고 있었으나, '학생의 교수·연구 및 생활지도에 대한 능력과 실적, 교육관계법령의 준수 및 기타 교원으로서의 품위유지'라는 기준에는 현저하게 미달된다 할 것이어서, 이를 종합하면 원고가 위 재임용 기준에 적합하지 아니하다고 판단되어, 피고가 원고에 대하여 한 이 사건 재임용거부결정은 피고의 재량권 범위 내에서 이루어진 것으로서 적법·유효하므로(이는 원고가 그에 대한 평정권자인 위 이과대학장으로부터 학문연구능력 및 실적영역에서 A등급의 평정을 받았더라도 마찬가지일 것으로 보인다), 그것이 무효라는 원고의 위 주장은 이유 없다.

5. 교수지위확인청구 부분에 관한 판단

위와 같이 이 사건 재임용거부결정이 유효한 이상 그것이 무효임을 전제로 원고가 위 학교의 교수지위에 있다는 원고의 주장은 더 나아가 살펴 볼 필요 없이 이유 없다.

6. 결론

그렇다면, 원고의 이 사건 청구는 모두 이유 없어 이를 기각할 것인 바, 제1심 판결은 이와 결론을 같이 하여 정당하므로, 원고의 항소와 당심에서 교환적으로 변경된 청구를 모두 기각하기로 하여, 주문과 같이 판결한다.

재판장　　판사　박홍우 _____

　　　　　　판사　이정렬 _____

　　　　　　판사　이우철 _____

대법원 제3부 판결(석궁 사건)

사건	2008도2621 폭력행위등처벌에관한법률위반(집단·흉기등상해), 총포·도검·화약류등단속법위반, 명예훼손, 정보통신망이용촉진및정보보호등에관한법률위반(명예훼손)
피고인	김명호(570000-0000000), 무직 주거 서울 동작구 ○○○(성동구치소 수감중) 등록기준지 서울 동작구 ○○○
상고인	피고인
변호인	변호사 박훈, 김기덕, 고재환, 정기호, 장석대, 조수진, 육대웅, 김차곤, 강호민, 김상은
원심판결	서울동부지방법원 2008.3.14. 선고 2007노1060 판결
판결선고	2008. 6. 12.

● 주문

상고를 기각한다.
상고 후의 구금일수 중 80일을 본형에 산입한다.

● 이유

상고이유를 판단한다.
1. 필요적 변호사건에서 변호인 없이 이루어진 제1심의 공판절차에 관하여 항소심이 취한 조치에 위법이 있다는 변호인의 상고이유에 대하여

　형사소송법 제282조에 규정된 필요적 변호사건에 해당하는 사건에서 제1심의 공판절차가 변호인 없이 이루어진 경우, 그와 같은 위법한 공판절차에서 이루어진 소송행위는 무효이므로, 이러한 경우 항소심으로서는 변호인이 있는 상태에서 소송행위를 새로이 한 후 위법한 제1심판결을 파기하고, 항소심에서의 진술 및 증거조사 등 심리결과에 기하여 다시 판결하여야 한다(대법원 1995.4.25. 선고 94도2347 판결).

　원심은, 이 사건이 필요적 변호사건임에도 불구하고 제1심법원이 제8회 공판기일과 제9회 공판기일에 변호사 없이 개정하여 증거조사를 실시하고 그 증거들을 유죄 인정의 증거로 삼은 위법이 있다고 인정한 다음 이를 이유로 제1심판결을 취소하고 다시 심리하여 판결을 선고하였는바, 형사소송법의 관련 규정 및 위 법리에 비추어 보면 원심의 이러한 조치는 정당하다.

　변호인은 위와 같은 필요적 변호사건에서 제1심의 공판절차가 변호인 없이 이루어진 경우 항소심으로서는 피고인의 심급의 이익을 박탈하지 않기 위하여 위법한 제1심판결을 파기하고 사건을 제1심법원으로 환송하여야 한다고 주장한다. 그러나 형사소송법은 공소기각 또는 관할위반의 재판이 법률에 위반됨을 이유로 파기하는 때에는 원심판결을 파기하고 원심법원에 환송하여야 하지만, 일반적인 재판을 파기하는 경우에는 원심 판결을 파기하고 항소심에서 다시 판결을 하여야 한다고 규정하고 있으므로(형사소송법 제366조, 제364조 참조), 위 상고이유 주장은 이유 없다.

2. 흉기 휴대 상해, 총포·도검·화약류 등 단속법 위반의 점에 관하여
　가. 위법수집증거를 채택한 위법이 있다는 피고인·변호인의 상고이유에 대하여
　　피고인·변호인은 피고인을 현행범으로 체포하면서 압수한 석궁과 화살 등을

계속 압수할 필요가 있는 경우에는 형사소송법 제217조 제2항의 규정에 의하여 새로 압수수색영장을 발부받아야 하는 것인데 수사기관이 이를 발부받지 아니하였으므로 위 석궁과 화살 등은 위법하게 수집된 증거로서 증거능력이 없음에도 불구하고 원심이 이를 증거로 사용한 위법이 있다고 주장한다.

그러나 위 조항은 2008.1.1.부터 시행된 개정 형사소송법에 신설된 규정이고, 형사소송법 부칙 제2조 단서는 "이 법 시행 전에 종전의 규정에 따라 행한 행위의 효력에는 영향을 미치지 아니한다."고 규정하고 있는 바, 기록에 의하면 수사기관은 개정 형사소송법 시행 전인 2007.1.15. 피고인을 현행법으로 체포하면서 위 증거물들을 적법하게 압수하였고, 이와 같이 압수한 후에 새로 압수수색영장을 발부받지 아니하였다고 하더라도 위 부칙 조항에 의하여 종전의 규정에 따라 적법하게 행한 압수행위의 효력에 영향을 미치는 것은 아니므로, 위 압수물들을 증거로 사용한 원심의 조치에 어떠한 위법이 있다고 할 수 없다.

나. 심리미진, 채증법칙 위반을 주장하는 피고인·변호인의 상고이유에 대하여

1) 증거의 증명력은 법관의 자유판단에 맡겨져 있으나(형사소송법 제308조), 그 판단은 논리와 경험칙에 합치하여야 하고, 형사재판에 있어서 유죄로 인정하기 위한 심증형성의 정도는 합리적인 의심을 할 여지가 없을 정도여야 하나(형사소송법제307조 제2항), 이는 모든 가능한 의심을 배제할 정도에 이를 것까지 요구하는 것은 아니며, 증명력이 있는 것으로 인정되는 증거를 합리적인 근거가 없는 의심을 일으켜 이를 배척하는 것은 자유심증주의의 한계를 벗어나는 것으로 허용될 수 없다 할 것인바, 여기에서 말하는 합리적 의심이라 함은 모든 의문, 불신을 포함하는 것이 아니라 논리와 경험칙에 기하여 요증사시로가 양립할 수 없는 사실의 개연성에 대한 합리성 있는 의문을 의미하는 것으로서, 피고인에게 유리한 정황을 사실인정과 관련하여 파악한 이성적 추론에 그 근거를 두어야 하는 것이므로 단순히 관념적인 의심이나 추상적인 가능성에 기초한 의심은 합리적 의심에 포함된다고 할 수 없다(대법원 2004.6.25. 선고 2004도2221 판결 등 참조).

2) 원심 판결 및 원심이 적법하게 조사한 증거들에 의하여 인정되는 사실과 정

황들은 다음과 같다.

가) 목격자의 진술, 물적 증거 등 객관적 또는 직접적인 증거의 존재

피고인은 2007.1.15.18:30경 흉기 휴대 상해 및 총포·도검·화약류 등 단속법 위반 범행(이하 '이 사건 범행'이라고 한다)의 현장에서 체포된 현행범이고, 범행 직후 피해자 박홍우의 비명을 듣고 범행 현장으로 달려온 목격자도 2명 있으며, 피고인은 체포 당시에 석궁과 화살 3개를 가지고 있었고, 석궁가방 안에 화살 6개, 회칼, 노끈 4개를 가지고 있다가 압수되었다(변호인은 압수된 물품 중에서 위 피해자의 몸에 박혔다고 주장하는 부러진 화살 1개가 증발하는 등 이 사건 범행에 대한 증거물이 조작되었으므로 원심의 판단에 법령위반이 있다는 취지로 주장하나, 수사기관이 범행현장에서 증거물을 제대로 확보하지 못하였다고 볼 여지는 있지만 피고인에게 불리한 결정적인 증거물을 수사기관에서 일부러 폐기 또는 은닉할 이유가 없으므로 이를 증거조작이라고 단정하기 어렵고, 이러한 경우 위 화살 1개라는 증거물이 없는 상태에서 나머지 검사 제출의 증거에 의하여 범죄의 증명이 있는가를 판단하면 되는 것이다).

위 피해자의 비명을 듣고 현장에 바로 온 목격자들은 서로 몸싸움하던 피고인을 위 피해자로부터 격리시킨 다음 위 피해자의 옷을 들추니까 시뻘겋게 피가 묻어 있어서 경찰과 소방서에 바로 신고했다는 것이고, 출동한 소방관의 진술에 의하면 위 피해자는 배꼽부위에 상처가 있었고 출혈로 인하여 속옷이 빨갛게 물들어 있었다(그 사이에 피고인 주장처럼 위 피해자가 스스로 자해를 할 시간이나 기회를 갖기는 불가능했을 것으로 보인다).

위 피해자를 진료하고 진단서를 작성한 의사의 증언과 진단서 등에 의하면 위 피해자는 복부 배꼽 좌측 부분에 길이 2cm 정도, 깊이는 근육층까지 뚫고 들어가 있는 상태의 창상이 발견되었다.

국립과학수사연구소의 유전자분석 감정결과 위 피해자가 입고 있었던

검정색 조끼, 흰색 속옷 상의, 연하늘색 내의, 흰색 와이셔츠 등에서 혈흔이 발견되었고 유전자형 분석 결과 모두 동일한 남성의 유전자형이 검출되었다(피고인은 조끼와 속옷에 모두 혈흔이 발견되었는데 중간에 입은 와이셔츠에 혈흔이 없기 때문에 수사기관에서 증거를 조작한 것이라고 주장하나, 압수된 증거물에 의하면 속옷과 내의에는 복부 부위에 다량의 출혈흔적이 육안으로 확인되지만 조끼에는 육안으로 혈흔인지 여부를 확인하기 어려운 소량의 흔적만 보이는 점, 처음 위 피해자를 목격한 경비원은 위 피해자의 옷을 들추니 다량의 혈흔이 보였다고 진술하고 있는 점 등에 비추어 보면, 와이셔츠 혈흔이 육안으로 잘 확인되지 않는다는 사실보다는 속옷과 내의에서 다량의 출혈흔적이 확인된다는 사실의 증명력이 훨씬 우월한 것으로 보인다).

나) 피해자 박홍우의 진술과 피고인 진술의 신빙성 검토

위 피해자는 이 사건 범행 시각에 아파트 1층 현관에서 엘리베이터 단추를 누르고 기다리는데 2층 계단 중간 쯤 어둠속에서 피고인이 활같이 생긴 무언가를 들고 나타나 '그게 판결이냐'는 등 질문을 한 사실, 그 후 피고인이 위 피해자가 있던 현관까지 내려왔고 피고인이 어느 위치에서 화살을 발사했는지는 기억나지 않지만 위 피해자는 화살에 맞은 것을 순간적으로 발견하고 화살을 빼냈으며, 피고인과 몸싸움을 하면서 현관 바깥쪽으로 탈출 시도를 하고 '사람 살려'라고 외치며 구조요청을 한 사실, 피고인과 위 피해자가 아파트 입구 바깥 계단에서 함께 굴러 넘어졌는데 그 후에 피고인이 위 피해자 배 위에 올라타 죽여버리겠다고 말을 한 사실, 그 후 목격자들이 나타나 피고인을 떼어 놓았고, 위 피해자는 처음에는 신고를 망설였으나 아파트 경비원이 옷 속에 피가 묻어있다고 하여 비로소 배에서 피가 나는 사실을 발견하고 위 경비원에게 신고를 부탁한 사실 등을 비교적 일관성 있게 진술하고 있다(이 사건 범행이 어둠속에서 순간적으로 일어났고 위 피해자가 상당히 충격을 받은 사정을 고려하면, 피고인이 석궁을 발사한 정확한 지점이나

위 피해자와의 거리, 위 피해자가 피고인의 어느 부위나 물건을 붙잡고 몸싸움을 하였는가에 대한 진술이 다소 일관되지 못하다 하여 위 피해자의 진술에 신빙성이 없다고 단정하기 어렵다).

또한 위 피해자는 이 사건 범행 직후에는 피고인을 경찰에 신고하여 공론화하는 것을 망설였다고 진술하고 있고, 증인으로 출석하여 재판부에 대하여 피고인에게 종국적으로 관대한 처벌을 하여 달라고 진술하고 있는 사정에 비추어 보면, 일부러 허위 진술로 사실을 과대 포장하여 피고인에게 엄벌을 받도록 할 의도나 동기도 엿보이지 않는다.

한편, 피고인은 이 사건 범행 직후 목격자들에 의하여 제지당할 당시나 출동한 경찰관에 의하여 현행범으로 체포당할 당시에 범행사실을 부정하지 않았고, 오히려 국민의 이름으로 판사를 처단하려 했다는 식의 이야기를 하였으며, 이 사건 범행 직후 고등학교 동창인 인론사 친구에게 전화를 걸어 국민의 이름으로 담당판사를 상대로 일을 저질렀으니 이를 보도해달라고 통화를 하였다.

그 후 피고인은 구금되어 수사기관에서 조사를 받으면서부터 위 피해자에게 석궁을 고의로 발사할 생각은 없었고 위협만 할 생각이었는데 몸싸움 과정에서 실수로 석궁이 발사되어 위 피해자가 상해를 입게 되었다고 진술을 바꾸고 있다. 나아가 원심에서 피고인과 변호인은 위 피해자가 복부에 화살을 맞은 적이 없으면서도 영웅심리 등으로 자해하였을 것이라는 주장까지 제기하고 있다.

피고인은 또한 2007.1.8. 일반인들은 잘 사용하지 않는 전문요리사용 회칼 1개를 81,000원에 구입하여 범행 현장에 노끈과 함께 가지고 갔다가 압수되었는데, 이에 대하여 피고인은 2007.1.27.노량진수산시장 근처로 이사할 예정이었기 때문에 회칼을 미리 구입하여 석궁 가방에 노끈과 함께 우연히 보관하였을 뿐 범행 당시 회칼을 일부러 소지한 것은 아니라고 주장하나, 압수된 석궁 가방의 모양이나 구조에 비추어 석궁 이외의 다른 물건을 보관하거나 운반하는 용도로 사용하기에는 부적절해 보이고 피고인이 별다른 조리 경력도 없으면서 이사하기 20일 전에 전문요리사용 회칼을 미리 구입하여 소지한다는 것은 이례적이어서 피고인의 진술을 선뜻 믿기 어렵다.

나아가 공판 과정에서 피고인은 증거물을 압수한 경찰관의 증언이나 국립과학수사연구소의 유전자형 분석결과에도 불구하고 그 증거물이 범행 현장에서 사용된 석궁 또는 화살이나 피해자의 옷이라고 믿을 수 없다는 취지로 부인하고 있고, 위 피해자의 혈흔이 묻은 옷, 위 피해자의 상해 진단서, 진단서를 작성한 의사의 증언 등 위 피해자의 상해사실을 증명하는 객관적인 증거도 부정하는 취지로 진술하는 등 전반적으로 자신에게 불리한 모든 증거나 정황을 부인하고 있는 점에 비추어 보더라도 피고인의 진술은 신빙성이 부족하다.

다) 피고인의 이 사건 범행을 추단케 하는 사정들

피고인은 2006.11.10.경 석궁을 구입한 다음 1주일에 1회 정도 60,70여 발씩 석궁을 발사하는 연습을 하였고, 2006.12.28.부터 이 사건 범행일까지 사이에 약 7회에 걸쳐 위 피해자의 거주지 부근을 찾아가 거주지 및 귀가시각을 확인하였는데, 피고인 주장처럼 단지 위 피해자에게 겁을 주려고 하였을 뿐이라면 위와 같이 수많은 발사연습을 하고 범행현장을 답사하는 등 치밀한 계획을 세울 필요는 없었을 것으로 보인다.

이 사건 석궁은 시위를 당겨 걸면 자동적으로 안전장치가 잠겨 이를 풀기 전에는 화살이 발사되지 않는데 피고인은 이 사건 범행 당시 석궁에 화살을 장전하고 아파트에 숨어서 위 피해자를 기다렸고, 손가락을 방아쇠울에 넣은 채로 위 피해자에게 다가갔고 석궁이 발사되었는데, 피고인 주장대로 단지 위 피해자를 위협만 할 생각이었다면 굳이 석궁이 발사되도록 안전장치를 풀어 놓은 이유를 납득하기 어렵다.

피고인은 이 사건 범행 직후에 목격자들에 의하여 위 피해자로부터 격리된 상황에서 다시 한 번 석궁에 화살을 장전하려고 시도하였다가 목격자들에 의하여 제지당하고 석궁을 빼앗긴 사실이 있고, 또한 인터넷 사이트 등에 국민은 법 위반한 판사를 차단할 권리가 있다는 내용의 글을 올리는 등 공공연하게 판사를 처단하겠다는 의지를 표명하여 왔다.

라) 소결론

위 사실과 정황들을 본 법리에 비추어 살펴보면, 피고인의 이 사건 범행은 합리적인 의심을 할 여지가 없을 정도의 증명에 이르렀다고 판단되므로, 같은 취지의 원심의 판단은 정당하고, 격에 심리미진 또는 채증법칙과 관련한 법령위반 등의 위법이 없다.

다. 정당방위 또는 저항권에 대한 법리오해를 주장하는 피고인·변호인의 상고이유에 대하여

원심판결 및 원심이 적법하게 조사한 증거들에 의하여 인정되는 다음과 같은 사정들, 즉, ① 피고인은 이 사건 민사재판의 항소심 진행 중에 이미 재판장인 피해자 박홍우 등을 상대로 형사고소 및 진정을 제기하고, 법원 주변에서 이 사건 민사재판의 제1심 재판장인 이혁우 등 관련 법관들을 비난하는 내용의 피켓을 몸에 걸고 장기간 1인 시위를 한 점, ② 피고인은 판결 선구가 있기 한 달 전인 2006.11.10.경 석궁과 화살을 구입하여 피고인의 주거지 부근 공터에서 1주일에 1회 정도 수십발의 석궁화살을 쏘는 연습을 하고 범행 장소를 여러 차례 답사한 점, ③ 피고인은 범행 당시 이 사건 민사재판의 항소심 판결 결과만을 확인하였을 뿐 판결 이유를 알려고 하지 아니하였고, 위 판결에 대하여 대법원에 상고를 제기하는 등 법에서 정하고 있는 합법적인 구제수단을 밟을 생각을 하지 아니한 채 범행에 나아간 점 등 피고인의 범행 동기 및 범행에 이르게 된 경위에 비추어 살펴보면, 피고인은 재판을 진행하고 있는 재판장을 상대로 형사고소, 진정, 명예훼손적 시위 등 법정 외에서 부당한 압력이나 협박을 행사하여 자신에게 유리한 결과를 얻어내려고 시도하였다가 그 결과가 불리하게 나올 것으로 예상되자 계획적으로 보복성 범죄를 감행한 것으로 보일 뿐, 정당방위나 저항권을 행사한 것이라고 보기 어려우므로, 같은 취지의 원심의 판단은 정당하고, 거기에

정당방위 또는 저항권에 대한 법리오해 등의 위법이 없다.
3. 명예훼손의 점에 관하여
　가. 채증법칙 위반이나 법리오해를 주장하는 변호인의 상고이유에 대하여

원심판결 및 원심이 적법하게 조사한 증거들에 의하여 인정되는 다음과 같은 사정들, 즉, ① 피해자 양승태는 피고인이 1995년경 제기한 부교수지위확인소송의 항소심(서울고등법원 96나31439) 재판장으로서 당시의 사립학교법상 임용권자에게 승진임용대상인 교원을 승진임용시킬 의무를 지우는 규정은 발견할 수 없다는 이유로 피고인의 항소를 기각하는 판결을 선고하였을 뿐, 성균관대학교의 입시부정에 눈을 감아 시험부정을 만연하게 한 적이 없는 점(설사 피고인 주장대로 피고인이 1995년 성균관대학 입시 과정에 수학문제의 오류를 정확하게 지적하였다고 하더라도 이는 '출제오류'에 해당할지 몰라도 '입시부정'이라고 부를 수 없다), ② 피해자 이혁우는 피고인이 2005년경 다시 제기한 교수지위확인소송의 제1심(서울중앙지방법원 2005가합17421) 재판장으로서 피고인에 대한 재임용거부결정이 학교법인 성균관대학에게 주어진 재량권을 일탈·남용한 것이라고 단정할 수 없다는 이유로 피고인의 청구를 기각하였을 뿐, 성균관대학교의 입시부정에 눈을 감은 적이 없다는 점, ③ 피해자 이상훈은 위 소송의 항소심(서울고등법원 2005나84701)에서 사무분담 변경시까지 재판장으로서 변론준비절차를 진행하였을 뿐, 직무유기를 한 적이 없고, 피해자 이광범은 위와 같은 직무유기를 덮어 준 적이 없는 점(피고인이 당사자인 사건만 특별히 먼저 변론기일을 지정하는 등 다른 사건에 비하여 우선적으로 심리하여 주어야 할 재판장의 직무가 있다고 보기 어렵다), ④ 그럼에도 불구하고, 피고인은 약 5개월간 피해자들이 근무하는 법원 출입구 앞에서 피해자들의 실명을 기재하고 피해자들이 성균관대학교 입시부정을 은폐 또는 조장하였다는 사실 또는 법관으로서 직무유기를 하고 있다는 사실 등을 기재한 대형 피켓을 몸에 걸고 1인 시위를 한 점, ⑤ 피고인은 당시 자신에 대한 민사 항소심재판이 진행중인 서울고등법원 앞에서 관련 법관들의 실명을 거론하며 시위를 하는 등 공익보다는 개인적인 이익을 위하여 범행에 나아간 것으로 보이는

점 등에 비추어 보면, 원심이 피고인을 유죄로 인정한 제1심판결을 유지한 판단은 옳고, 거기에 채증법칙 위반이나 명예훼손죄 또는 그 위법성 조각사유에 관한 법리오해 등의 위법이 있다고 볼 수 없다.

나. 처벌불원의사를 조사하지 아니한 위법이 있다는 변호인의 상고이유에 대하여

변호인은 원심이 반의사불벌죄인 명예훼손 사건을 재판하면서 피해자들의 의사를 명시적으로 확인하지 아니한 위법이 있다는 취지로 주장하나, 기록에 첨부된 고발장에 의하면 "피해자들이 모두 공인의 지위에 있는 점을 감안하여 피고발인의 범법행위에 대응하는 것을 자제하여 왔으나 최근 범법행위의 수위가 도저히 묵과할 수 없는 지경에 이르러 고심한 끝에 '내부적인 검토'를 거쳐 피고인을 고발하게 되었다."는 취지가 기재되어 있고, 고발인은 대법원 법원경비관리대장으로서 위 고발은 개인적으로 한 것이 아니라 법원 내부의 검토 및 의견조율을 거쳐 이루어진 것이라고 증언하고 있는 점 등에 비추어 보면 위 고발장에 피해자들의 의사가 충분히 나타나 있는 것으로 보이므로, 추가적으로 처벌불원의 의사표시의 부존재를 조사하지 아니한 원심의 조치에 어떠한 위법이 있다고 보기 어려워서, 위 상고이유는 이유 없다.

4. 결론

그러므로 상고를 기각하고, 상고 후의 구금일수 중 일부를 본형에 산입하기로 하여 관여 법관의 일치된 의견으로 주문과 같이 판결한다.

재판장	대법관	김영란	_____
	대법관	김황식	_____
주 심	대법관	이홍훈	_____
	대법관	안대희	_____

부록 ④ 사건 일지

1991년 3월 1일		학교법인 성균관대학 산하 성균관대학교 이과대학 수학과 조교수 신규 임용
1993년 3월 1일		임용 기간 3년으로 하는 재임용
1995년 1월경		대학별 고사 수학 과목 채점 위원으로서 출제 오류 지적 및 그 시정을 요구
	4월 1일	부교수 승진 심사 탈락
	5월경	수학과 교수들이 징계를 청원
	10월 1일	부교수 승진 심사 탈락 : '연구실적심사위원회'는 원고의 연구 실적이 승진 평정 기준을 충족시키지 못한다는 이유로 불합격 판정
	하반기	정직 3월의 중징계 처분
1996년 3월 1일		재임용 탈락 확정
	3월 5일	교육부 "교원징계재심위원회" : 견책으로 양정을 변경함
1997년 5월 27일		서울고등법원 부교수지위확인의 소 항소기각(96나31439 판결)
	12월 23일	대법원 부교수지위확인의 소 상고기각(97다25477 판결)
2005년 3월 3일		서울중앙지방법원에 교수지위확인의 소 제기
	9월 21일	서울중앙지방법원 교수지위확인의 소 기각(2005가합17421 판결)
2006년 5월 30일		판사들에 대한 명예훼손죄로 기소(2006고단2459)
2007년 1월 12일		서울고등법원 교수지위확인의 소 항소기각(2005나84701 판결)
	1월 15일	이른바 '석궁 사건' 발생
	2월 8일	석궁 사건 김명호 상해 등으로 기소(2007고단203)
	10월 3일	검사의 10년 구형(10월 1일) 소식을 듣고, 32일간의 단식 시작
	10월 15일	서울동부지방법원 석궁 사건 4년 실형 선고(2007고단203)
2008년 2월 1일		대법원 교수지위확인의 소 상고기각(2007다9009 판결)
	3월 14일	서울동부지방법원 석궁 사건 항소기각(2007노1060)
	6월 12일	대법원 석궁 사건 상고기각(2008도2621)
	6월 18일	서울중앙지방법원 손해배상 청구의 소 제기(2008가소163612)
	10월 2일	서울중앙지방법원 손해배상 청구의 소, 합의부로 변경(2008가합96470)
2011년 1월 24일		만기 출소